"超级少年"系列
CHAOJISHAONIANXILIE

顾 骁 ● 著

父母装装傻

孩子更聪明

——重新认识智力开发

海天出版社（中国·深圳）

图书在版编目（CIP）数据

父母装装傻　孩子更聪明：重新认识智力开发 / 顾
骁著 . —深圳：海天出版社，2016.1
ISBN 978-7-5507-1494-6

Ⅰ . ①父… Ⅱ . ①顾… Ⅲ . ①智力开发—学前教育—
教学参考资料 Ⅳ . ① G613.7

中国版本图书馆 CIP 数据核字（2015）第 268736 号

父母装装傻　孩子更聪明：重新认识智力开发
FUMU ZHUANGZHUANGSHA　HAIZI GENGCONGMING: CHONGXIN RENSHI ZHILI KAIFA

出 品 人　聂雄前
责任编辑　刘翠文
责任技编　蔡梅琴
封面插图　林宸熙
装帧设计　　深圳斯迈德设计
Smart　0755-83144228

出版发行　海天出版社
地　　址　深圳市彩田南路海天综合大厦（518033）
网　　址　www.htph.com.cn
订购电话　0755-83460202（批发）　0755-83460239（邮购）
设计制作　深圳市斯迈德设计企划有限公司（0755-83144228）
印　　刷　深圳市希望印务有限公司
开　　本　787mm×1092mm　1/16
印　　张　12.75
字　　数　185 千
版　　次　2016 年 1 月第 1 版
印　　次　2016 年 1 月第 1 次
定　　价　45.00 元

智力，本不用开发（代序）

顾　骁

一天，3岁的女儿拉我去小区会所玩。她径直带我绕过健身房来到地下室。我很少去地下室，就问她去那儿干吗，女儿告诉我说看跳舞。果然，舞蹈室里有很多小朋友在学跳舞，她也跟着手舞足蹈。没过多久，她嚷着要喝水。我没有给孩子带水的习惯，就说："那我们回家吧！"她没理我，走出舞蹈室，径直来到一个角落，我这才发现，那里有台饮水机。我正在想水杯在哪儿时，她熟门熟路地从柜子里取出饮水杯，还告诉我哪个龙头出热水，哪个龙头出冷水。

当时在舞蹈室里还有一对席地而坐的母女，那个女孩看起来比我女儿大些，神情有些木讷。妈妈在一旁循循善诱地说着跳舞的好处，可女孩心不在焉。妈妈说得累了，就习惯性地打开带来的大水壶，时不时喂女孩喝两口。看着这样的场面，我遗憾地想，这个孩子应该不会有机会知道会所里有饮水机和饮水杯了。

这两个小女孩之间的差别，难道是天生的吗？小小的场景展示了对孩子智力开发方法的很大不同。我们期望培养出聪明的孩子，就需要掌握智力开发的有效方法。

　　历史学家说，从类人猿到人类，分界线是对火的控制，而对火的掌控当以"钻木取火"为标志。让我们想象一下，第一个尝试钻木取火的人是怎样的思维过程：某一天，我们这位伟大的人类祖先吃完饭闲着玩耍，无意中发现两个物体相互摩擦就会发热。于是，他就考虑，要是不停地摩擦会咋样呢？出于好奇，他尝试起来。取火也许不是他一开始的动机，但好奇心是驱使他这么做的动力。而这种行为的本质，其实就是玩。玩的心态结合一个人的智慧和知识，就是一个人发明创造的发动机。

　　好学其实就是好玩，是人的本能。智力开发就应该让孩子自主选择做自己喜欢的事情。

　　儿子出国之后，我领养了一个女儿。2011年，还是新生儿的她来到了我家。儿子在成长过程走了不少弯路，令我思考开发孩子智力的方法，并想通过实践来验证我的理念——后天因素对孩子成长的影响远大于先天因素。我的智力开发实践从女儿刚有行为能力的时候就开始了。

　　女儿10个月大，我尝试着让她自己吃饭。

　　这么小的孩子还不会用勺子和筷子，那就先用手抓吧。婴儿车前面的搁板本来可以放碗，为了防止打翻，我索性把饭菜直接放在搁板上。虽然一大半的饭菜没吃到嘴里，但我还是满足女儿要自己吃饭的意愿，任由她把食物涂来抹去。就这样坚持了差不多两个月，女儿已经可以很熟练地用手抓饭吃了。同时，我还鼓励她自己抓奶瓶喝奶。看着她圆咕噜的身体躺在床上，就像《动物世界》的大熊猫，实在可爱。到了她13个月大的时候，我又开始训练她用勺子舀饭吃。也不过两个月光景，她又会用勺子了。

　　有家长会说：这样吃饭多不卫生啊！而且等孩子吃到

嘴里，饭菜都凉了，不生病吗？再说天天还得打扫"玩饭"现场，更麻烦，还不如直接喂饭呢。这就是问题的关键了：我关注的不是应该如何吃饭，而是满足孩子跃跃欲试想自己吃饭的愿望！

当我允许女儿自己吃饭时，吃饭就成了她最开心的事情之一，她经常会在吃饭的时候笑出声来，大人要是想给她喂饭，她还会不高兴呢。原来，孩子天生就好学，根本就不需要培养！

在教育女儿方面，我做起了懒爸爸，不去想该教她什么，而是让她主导一切。精力充沛的孩子总给我带来惊喜，让我情不自禁地想夸她，她也会深受鼓舞地对我说："你知道这个怎么做吗？不知道我来教你！"这让我觉得，养育孩子真是莫大享受！

我把训练女儿学会用手抓饭吃的方法分享给一些家长，有个家长也学着做起来。结果孩子根本不把食物往嘴里放，而是扔掉了。这是咋回事？原来那个家长把自认为好吃的食物塞进孩子手里——这本质上仍然是让孩子去做我们大人想让他们做的事情。而我是把各种食物放在盘子里，让孩子自己选。孩子有了选择的乐趣，好奇心也得到极大满足！

在教育孩子的过程中，家长总觉得孩子会的东西越多就越聪明。于是总忍不住以权威的身份，将自认为对的东西一股脑儿地教给孩子。但是孩子更希望主动摸索，对强加的教育不买账甚至有抵触情绪。以说教代替鼓励孩子自我学习，这恐怕就是我们对孩子进行智力开发最大的误区！

养孩子如"烹小鲜"，掌握好火候，节制我们的付出和管教，效果也许会更好，超负荷的刺激反而不利于孩子的成长。但很多时候"减"比"加"更难，孩子生活环境比大人看到的、感觉到的更复杂，如何帮助孩子减负，是我们需要学会的一件非常重要的事情。

在以往的教育模式中，我们给孩子安排了很多学习科目，尤其孩子上学后，每天都会有很多作业。要让孩子学会主导自己的行为，首先得给他们腾出时间和空间来。家长们总担心减作业会影响学习成绩，但我总是千方百计地帮着孩子减作业，同样我也这么建议我辅导的家庭。

对小学生而言，一天中玩的时间在一个小时以内算是正常的。而成绩保持中等以上水平的孩子，如果作业已经完成，即使超过了一小时，也是在正常的范围。

现在的孩子，从周一到周五，学习任务很重；可到了周六、周日，家长又完全放任。这很容易让孩子把学习和玩对立起来。在我看来，即使每门功课的分数下降5~10分，若能为智力开发腾出更多的时间，也绝对值得。

儿子在学业之外的出色表现，让我充满自信，甚至在他中考前一个学期，依然给他安排了赚钱的指标：一个学期赚1000元，就奖励4000元，买一部手提电脑。在给他定指标的同时，跆拳道训练也没有停。让我高兴的是，儿子不但完成了赚钱指标，而且因为没有成绩压力，儿子真正做到了轻松面对考试，在中考中反而超水平发挥。孩子生存能力的提高让我更开心。我们期待孩子学业有成，很大程度上不就是期望他们步入社会后有生存能力吗？有了生存能力，能否上大学已经不重要了。

引导孩子自己的思考，这才是真正的智力开发。

目　录

第一章

你来教我好吗？

智力开发的基本手段之一：激发孩子思考，而不是灌输给孩子知识。这是因为，智慧的根本是实现创造性劳动，而创造性劳动是以打破旧的规则为标志的。

1.1　吃力不讨好的智力开发

越努力离目标越远

一天深夜，英国著名物理学家卢瑟福看到实验室里的灯光还亮着，便好奇地推开房门，只见他的一个助手正坐在工作台前。

"这么晚了，你还在这里干什么呢？"卢瑟福问。

"我在工作，教授。"这位助手脱口而出。

"那你白天做些什么呢？"

"在工作啊。"

"那么，你早晨也工作吗？"

"是的，教授，早晨我也工作。"这位助手喜形于色地回答，满以为可以得到夸奖了。

"那你什么时候思考啊？"面对助手的得意，卢瑟福一脸无奈地说。

在卢瑟福看来，会主动思考的人才有可能从事创造性的劳动，不仅要创造做事的方法，还要创造做事的内容；完成了创造性劳动的人，对社会贡献更大，才是更有智慧的人。

现在，我们很多优秀的大学生、研究生，他们到发达国家搞课题所遇到的最大问题就是，导师理所当然地认为学生就应该自己思考该干啥、怎么干，而他们却往往在没有导师指示的情况下不知所措。他们在国内多半表现非常优秀，是我们的骄傲，为什么走出国门后却会面临这样的窘境呢？

这样的差距从幼儿园时期就形成了。美国大发明家爱迪生5岁时，看到家里的母鸡能把蛋孵出小鸡来，自己也坐在鸡蛋上想孵小鸡。这是孩童的天性使然，是一种求知欲的实践使然。我们的孩子在童年时候一样有这种好奇心呀，可是为啥就出不了一个半个爱迪生呢？回头看看，我们的孩子从幼儿开始，时间已经被安排得满满的，根本没有主动思考的机会，也就渐渐丧失了主动思考的能力。

我们在谈及教育时，会大谈"素质教育"。可实际情况却是：很多地方扛着"素质教育"的大旗，大行"应试教育"之道，甚至连幼儿园都成为"应试教育"的重灾区了。整个社会像有一只无形的手，不惜牺牲孩子童年的快乐，在"早开发"的名义下，牢牢地控制孩子的思想和行为。

当下，幼儿园的教育方式大有小学化趋势，孩子们早早地就进入了战斗状态。为评测孩子们的智力进展，某些一线城市幼儿园经常会进行一些小测试。有年轻的妈妈诉苦：一天，6岁的孩子哭着拿回一张57分的算术测试卷让她签字，还说："老师说幼儿园里就考不及格，将来上学会是差生，我再也不要上学了。"除了幼儿园里的小测验，许多学龄前孩子在父母望子成龙的意愿下，频频参加各类考试：剑桥少儿英语考级、钢琴考级的考场上，经常可以看到四五岁孩子的身影。

模板教出来的一代人

法国哲学家笛卡尔曾说："要想追求真理，我们必须在一生中尽可能地把所有的事情都怀疑一次。"

成年人会有一种从众心理：当大家都在做相似的事情时，就会心安理得；当自己跟别人不一样时，就会感到恐惧。从众的做事方式比较安全，但带来的机会更少。

我刚来深圳的时候，是20世纪90年代初。有一年春节，我准备回内地。当时要到广州乘火车，只能先从深圳乘大巴到广州。我和太太一大早坐上大巴，赶中午的火车。没有想到，车刚上高速就坏了。司机费了好大劲儿也不能排除故障，就告诉乘客有两种方式解决当前的困境：一是帮大家拦一辆同样去广州的大巴，二是等待公司总部重新派一辆车。如果选择第一方案，可以马上就走，而第二方案可能要等半个小时。很显然第二方案可能赶不上火车了。因为在这之前，车已经走了五十多分钟，如果再等第二辆车，最起码要一个小时。很多人选择了原地等待第二辆车。我和家人立即从一大堆行李中找出我们的行李,换乘了另一辆车,等我们赶到火车站时,时间已经十分紧张,几乎是一上车,火车就开了。当时大巴上相当多人买了跟我同一班车的卧铺车票,我上了火车后,特地留意了一下,没有看到那些人。要知道,那时候过年的火车票是非常非常难买的。

这是一件令我印象深刻而费解的事。选择第一种方案并没有风险,但只是因为绝大多数人没有行动,所以自己也没有行动。美国洛杉矶加州大学经济学家韦奇说:"即使你已有了主见,但如果有十个朋友的看法和你相反,你就很难不动摇。"这就是所谓的从众心理。这跟我们的教育有直接关系。

我们的教育使得孩子习惯于在家听父母的、在校听老师的、在单位听领导的,丧失了基本的思考能力。

许多公司在遇到管理问题时,急急忙忙把咨询公司请来,但结果事与愿违。其中的逻辑十分简单,如果咨询公司以较低报酬提供咨询服务,那么咨询人员一定没有什么实际能力,否则他们可以当职业经理人了;如果咨询公司靠的是现成的管理技术,那么,这些技术就一定能从书店或者网上获得。老总们在面对前所未有的问题时,还是用惯有的思维指望有人提供标准答案,结果可想而知。

差距来自智力开发模式

很多人认为,中国的基础教育可是非常过硬的,真的如此吗?

我们先来看一组数据:体现人类智力顶峰的诺贝尔奖,其获奖者当中,占全世界人口0.44%的犹太人占了20%,占全世界人口4.4%的美国人占了70%,而占了全世界人口22%的中国人,目前只有两个人获得该奖,而且还不是自然科学类奖项。说我们的基础教育比老外过硬,这里主要比的就是数学。可别忘了,代表数学成就最高荣誉的菲尔茨奖(诺贝尔奖没有数学奖),获奖者没有一个中国人!

面对现实,作为一个高度重视教育的民族,我们对此现象需要深刻反省。当我们在政治、经济、科学等诸多领域落后时,我们不禁问:对孩子的智力开发模式是否出了问题？真正的智力开发应该是提升对知识的鉴别能力和创造能力，然而枯燥无味的被动式学习的鞭子过早地抽到了年幼的孩子身上，禁锢了孩子这两种能力的发展。

当我们的孩子整天背诵唐诗宋词、超负荷认字识数的时候，国外的孩子们在学习认识大自然、挖掘兴趣爱好、学会生活自理……当文化课考试成绩成为至高无上的目标时，无法量化考核的思考能力被忽视了。

这就是中西方教育理念的差异：西方教育文化在意的是独立思考下的知识创造，而应试教育在意的是知识的记忆。

有人可能会说，并不想让自己的孩子成为什么大发明家，学习成绩好就行了。可问题远没有那么简单，我们常常发现，孩子不仅没有期望的那么"聪明"，而且学习也没啥积极性，表现常常令人沮丧。

我曾经就是这样的父母。儿子在上幼儿园的时候，老师曾告诉我，儿子要比一般孩子"聪明"。于是我深受鼓舞，总想多教他点什么。我当过老师，所带学生单科平均分数高出其他班级10分，这让我比一般家长有了更大的期待。可儿子从一年级开始，学习成绩就长期在下游徘徊。焦虑不堪的我，总是想施加更大的压力让儿子进步，但事与愿违，儿子的问题越来越严重，甚至在五年级时离家出走。

儿子怎么会变"笨"呢？我甚至一度怀疑是我家附近的印染厂违规排放废气所导致的。可当我愿意重新认识教育方式，尝试着放手后，却产生了出人意料的结果：儿子在各方面都有了提升。我意识到，那种生怕孩子没搞懂，样样都想教给孩子的"灌输式"智力开发模式，不仅不能提高智力，反而严重地阻碍了智力的开发！

谁都知道要想让孩子学习成绩好，首先要开发他的智力。这智力就如同电脑硬件，硬件跟不上，软件再好也无法运行。同样考100分，聪明的孩子用在学习上的时间可能只是其他孩子的几分之一。小学阶段要求简单，看不出其中的差别，可随着学习的深入，智力优势就越来越显现出来。

我辅导过很多家庭，大量的实例表明，当父母把学习成绩放下，为孩子的智力开发腾出的时间越多，孩子就越聪明；孩子越聪明，不仅学习成绩越好，而且有更多的时间开发智力，这就进入了良性循环。更重要的是，孩子其他的能力也会远远超过同龄人，奠定了走入社会后出类拔萃的基础。

1.2　智力开发误区之一：不停地讲道理

别扼杀了孩子的创造力

在一次飞行旅途中，一位专家用手提电脑分析实验所得的数据，有个10岁出头的小男孩坐在旁边一直看着，最后忍不住问道："你分析完这些数据时，从哪里查找答案啊？"

专家答道："我所研究的课题在任何书本中都找不到现成的答案。"

小男孩好奇地问："那怎么能够知道答案是正确的？你的老师不是要能够告诉你正确答案吗？"

专家回答说："不，我会和其他专家一起讨论数据的意义，然后再做出判断。"

小男孩继续问道："最后是不是再由你的老师来判定你的答案是否正确？"

专家还是耐心地回答说："不，不是这样。"

而男孩仍然固执而疑惑地问："那你怎么知道你的答案是对的？"

在这个孩子的眼里，世界上存在着绝对的真理，这种意识正是传统教育教出来的。

正如《三字经》所说："当顺叙，勿违背。凡训蒙，须讲究。详训故，明句读。为学者，必有初。"传统观念认为，教育就是教会孩子不懂的道理。咱们的孩子没法选择学什么，更没权利去质疑自己学的内容是否正确。

诺贝尔物理奖获得者杨振宁指出："中国现在的教育方法，同我在西南联大时仍是一样的。要求学生样样学，而且教得很多、很细。这种方法教出来的学生到美国去考试时，马上就能让美国学生输得一塌糊涂。但是这种方法的最大弊病在于：它把年轻人维持在小孩的状态。教师要他怎么学，他就怎么学……太使一个人受拘束"，"中国的学生知识丰富，善于考试但却不善于想象、发挥和创造"。

每一个孩子身上都有着巨大的潜能，但是我们却"好心"地把这些潜能"扼杀"了。

扼杀方法之一：不停地说教

鉴于很多家长的勃勃雄心，孩子们在娘胎的时候就没逃脱"被早教"的命运，更别提孩子一出生就开始进行的音乐和语言熏陶了；当孩子还懵懵懂懂的时候，唐诗、宋词、认字、音乐、绘画、算术、外语、舞蹈、围棋……轮番上阵。重压下来，孩子的心灵和时间基本上被家长"望子成龙"的意识所占据。

我们很难抑制住那颗"好教"的心，绝不放过每一次说教机会。比如，孩子发脾气的时候，我们就会告诉孩子发脾气的坏处；孩子想做啥，我们能瞬间列举10个以上不该做这事的理由；孩子尝试使用某电器的时候，我们立即过来告诉他应该如何操作；孩子遇到什么问题时，我们直接代替解决，基本不给孩子尝试的机会……

在"超极少年"的一次亲子旅游中，就有个这样的妈妈：从孩子早上睁开眼开始，这位妈妈就开始不停地念叨，跟孩子说这个事情要这么做，那个事情要那么做。如果孩子没有要做的事情了，就开始各种提问："我们出去旅游到哪里呀？""韶关有什么特产呀？""外面的风景漂不漂亮呀？"直到孩子累得要睡了才停止。可孩子的表现并没有让这位妈妈满意，她总觉得自己的孩子过于循规蹈矩，没有主见，依赖性太强。她充满了抱怨，却没有意识到这和她的教育有直接关系。

这样的场景我们是不是很熟悉？早上孩子还没起床，就开始唠叨："快起来啊，别迟到啊！"孩子刚起来，又说："刷牙刷干净点啊！"孩子洗漱完毕，又说："早餐要多吃一点啊，对健康很重要！"孩子吃完早餐，又说："书包收拾了吗？"当孩子背起书包，又说："钥匙带了没有？"等孩子出门的时候，又说："上课要认真听讲啊！"

孩子的创造力就在这样的唠叨中被扼杀了。

扼杀方法之二：将玩和学分离

爷爷：我小时候是玩石头砸土块长大的，上树掏雀窝，下水捞鱼虾，玩着长身体。

爸爸：我们那时上幼儿园男生一杆枪，女生一个布娃娃，跳绳游戏过家家。

我：背着书包上幼儿园，每天兜着七八本都是不认识的字的书。上了四年幼儿园，有数不清的识字班、外语班、图画板、蒙氏班、提高班、特长班、艺术班……

说起玩，现在的孩子似乎只能想到网络游戏了。

是谁剥夺了孩子们玩的权利？让我们屈指数一下：课业太沉重，竞争从零岁开始，各种十全大补课，等等。孩子没心情、没时间玩；孩子被功利性的智力开发弄得焦头烂额，对"玩"失去了兴趣，童趣退化、扭曲为成人化的忍辱负重……

当孩子所有的学习内容和个人时间都被我们牢牢地控制，大脑里只剩下了机械的"执行"二字，更别提什么智力开发了。

看看我们在这条错误的智力开发之路上做了些啥：规定好孩子所有的学习内容，然后在孩子做事时监督孩子的一举一动。不厌其烦地唠叨这里做得不对、那里应该这样做，甚至强迫孩子做他们排斥的事情。这些不仅剥夺了孩子主动思考的机会，更剥夺了孩子快乐学习的机会！

我们一直在吃力不讨好地干着一件错事：将玩和学习分离。

有很多学习成绩一直不错的孩子，进入大学乃至参加工作却表现平平，其实不难发现，孩子当初的"好成绩"不过是为了迎合家长和老师们的殷切期望罢了。

教得越多，忘得越多

我们之所以会不厌其烦地说教，是因为在我们的概念中，孩子还小，不懂事，需要我们把道理讲给孩子听。然而我们常常发现：道理全讲完了，孩子照样我行我素。是孩子理解能力有问题，还是孩子记忆力变差了？我们从来没有想过：孩子的记忆能力是有限的。事实上，给孩子讲的道理，孩子大多数记不住，如果指望着孩子靠记忆来增长知识和能力，那孩子如何超越前辈？我们培养了孩子超越前辈的能力吗？

我们告诉孩子的东西未必都是正确的。我们往往会夸大不按大人要求做的后果，比如：多吃糖牙齿会掉，这就更增加了孩子的不信任。孩子一旦发现大人说的并不正确，会更不愿意听大人的话，而这又迫使我们更想唠叨。

被动学习的最大问题就是，我们教给孩子的东西，孩子并不能全部记住，甚至大部分都记不住。有研究显示，当孩子被动学习的时候，能吸收20%就不错了，这就给我们带来无尽的烦恼。孩子刚出生的时候，曾经给我们带来无限的快乐，什么时候开始让我们烦恼的呢？恰恰是我们想教给孩子点什么的时候！在这之前孩子也在学习，比如学走路、学说话等，这些多是在没有人指导下孩子自主学习提高的。但凡这样的学习，我们都会为孩子的进步欣喜若狂。真正的智力开发就是要恢复这种最原始的自我学习形式，让学习不仅给我们，也给孩子带来无尽快乐。当孩子拥有了这种快乐，在遇到能力不足的时候，自然会去学习课本上的知识，根本不需要我们逼迫！

讲规则不是认死理

爱默生说，有两件事我最憎恶：没有信仰的博才多学和充满信仰的愚昧无知。这里涉及两个观点：一、怕流氓有文化；二、怕无知的人认死理。

真正的讲规则跟无知地认死理是完全不同的两码事。但很多家长认死理，盲目遵从某些规则，比如找对象要看生辰八字、盖房子要看风水，这些规则到底有没有科学依据，他们从不会去深究，只会坚信，这也是某些人的生存方式。

认死理的家长在教育孩子时经常面临这样的困境：

困境一：孩子变得不喜欢独立思考，不敢自主行事，遇到困难就怯懦和退缩，丧失对这个世界的好奇心和探索精神，取而代之的是对老师、家长和上司的服从。

有一次家长会，我无意中了解到学生干部在学校都在干什么：同学睡午觉时，班干部要按老师的要求检查谁在动，只要一动就记录下来；同学做眼保健操时，班干部要看谁睁开了眼睛，只要有人睁开了眼睛，也要记录下来。记录这些所谓的"违规"行为实在荒谬，但长期的盲从导致孩子丧失判断是非的能力，只是机械地执行。

现实生活中，即使是成人，如果想法常被否定、发言屡次被打断或反驳、非常努力但一做错事就受到严厉的批评，也会大伤元气，在做任何改变之前都会有心理障碍。

困境二：孩子变得十分反叛，听不进去别人的任何意见，独断、盲动。孩子成了两个"凡是"的彻底拥护者：凡是家长反对的就要坚持，凡是家长坚持的就要反对。孩子还会通过诸如沉溺于游戏厅、逃课等方式来宣泄自己情绪，表达对家长的不满。还有一些学习成绩好的孩子，性格变得忧郁、自闭，不愿意和人交往，甚至包括自己的父母。

这样的结果都不是我们愿意看到的。我们似乎越用力在"教育"孩子上，就越面临更多的困境。当我们不自觉地变成从早到晚不停地唠叨的父母时，我们已经开始走入家庭教育的死胡同了。

绝大多数家长不明白什么是真正的开发智力，其实我们要做的事并不太多，只要为孩子提供并维护一个好的家庭环境就行。有时候，需要"吃药"的并不是孩子，而是家长。无论孩子现在的情况有多"糟糕"，只要我们下决心真正开始改变，任何时候都不晚。

1.3　家长为什么都喜欢讲道理

孩子"逆反"是好事

我们超极少年成长训练营来过一个被某些权威机构判定为自闭症的孩子。他本是双胞胎中的一个，另一个在一场意外中死亡。不幸的经历让妈妈对孩子产生了严重的掌控心理，对孩子有过分的心理依赖，一方面在生活上对他无微不至地照顾，另一方面又会为诸如中午不睡觉这样的小事打骂他。这孩子刚来我们这里上课，一开始因为陌生感而产生了恐惧感，但很快就被上课的形式所吸引。两次试听课之后，他就跟妈妈说："我能不能不学别的，就上超极少年?"

这个孩子喜欢我们的课程，从本质上说是因为在我们的训练班里他脱离了妈妈的掌控，精神上取得了独立。

随着孩子成长，"逆反"二字渐渐出现在他们身上。这个时期的孩子有强烈的探索自我的欲望和尝试，作为旧价值体系代表的父母、老师，就成为他们的主要反抗对象。可以说，"逆反"是成长的一个好的开始，是孩子们聪明劲崭露头角的表现。然而现实生活中，这种聪明对家长们来说是一场噩梦。

孩子在上学前都很依赖父母，亲子关系可谓其乐融融，可自打我们想教点东西给他们时，咋就跟孩子形成对立呢?

其中的道理也不复杂，当我们试图教会孩子点啥时，就会首先假设我们对孩子的要求都是对的，孩子没有按照要求做，那就是孩子不懂事。我们完全没想过检讨自己。当我们一时半会无法说服孩子的时候，就可能采取强迫的办法，父母和孩子之间的关系就会从教育者和被教育者的关系，演变成统治者和被统治者的关系。如今个个都懂得"真理面前人人平等"，这种强硬作风自然很难被孩子接受。

孩子不是我们的私有物，他们应该有自己独立的人格。陪伴孩子成长，我们只能跟在孩子的后面，而不是跑到他的前面去。孩子不需要你为他带路，孩子成长的乐趣就在于由他自己来发现他要走的路。不要因为我们是他的父母，不要因为我们觉得比他知道得多，就应该跑到他的前面为他带路、指导他应该走这条路或那条路。不，不要把我们的愿意加在孩子身上，我们不要做上帝操控和剥夺孩子自我选择的权利，即使，只是出于好意。

开启孩子的心灵

有一次，我有个朋友答应让孩子自己去买麦当劳，可当孩子买回来后，就指责孩子不应该买薯条，说那是垃圾食品，又嫌孩子一下子买了两杯饮料，浪费。我们当中很多人可能都像我这位朋友一样，想给孩子一定的自由，可又控制不住自己的"碎碎嘴"。

孩子刚出生时，他们的心像敞开着门窗的小屋，每一扇开放的门窗都通往不同的世界，成为获取不同快乐和创造力的路径。然而随着成长，这些门窗渐次关上了，孩子变得狭隘和固执。

而让孩子们关闭门窗的，恰恰是家长们不合宜的教育方法。我们在孩子面前重复最多的话恐怕就是："听话！"在家里要听家长的话，在学校要听老师的话。就是和同学出去，也要听大家的话。在这种环境下长大的孩子，在做事时首先不是考虑是非问题，而是考虑权威人士怎样想。孩子在从众的环境压力下，不得不放弃自我的独立思考而去迎合别人。

即使那些把孩子当成"小皇帝"的家庭，也同样显现出权威文化的深深烙印，只是表现形式不同而已。比如，家长总是以爱护的名义告诫孩子不能喝凉水、不能脱衣服、不能出小区……孩子根本就没有机会释放好奇心。

学校里也是如此。中考、高考有标准答案，老师自然不会允许孩子有不同意见。美国教育家约翰·杜威曾经指出："学校的最大浪费在于儿童在学校中不能完全自由地运用已有的经验，采用自己的方法去获取知识。"

甚至在追求独立、创新的大学，学生也不敢对导师表示任何异议。德国文学家歌德说："人类没有权威就无法生存，可是它带来的错误跟它带来的真理一样多。"

德国教育家卡尔·威特曾说："孩子大胆丰富的创造力在于他们的脑袋里没有什么条条框框，也根本不想受条条框框的束缚。""许多父母无法理解孩子的想象，原因是他们心目中有许多条条框框，并以此封杀孩子的创造力。"

当自主学习渐渐变为被动式接受，孩子便失去了质疑能力和学习热情。

智慧不是教出来的

法国科学家贝尔纳曾说："构成我们学习最大障碍的，是已经学会的东西，而不是未来的东西。"

很多伟人小时候学习成绩不尽如人意，是他们智力发育迟缓，或者还不够努力吗？当然不是，而是他们不想按照别人的意愿做事，对标准答案有天生的抵触心理。他们把别人用来努力"考100分"的时间用在培养其他能力上，这是他们杰出的很重要原因。

从上述经验可以得出这样的结论：智力不是教出来的，而是主动学出来的。

"教"是师者在动脑筋，"学"是孩子自己在动脑筋。有研究表明，主动学的效率是被动学的5倍。孩子天生就对世间万物感兴趣，总是跃跃欲试，我们却冠以好动、添乱而硬生生地压制，强迫孩子学习那些他们并不感兴趣的东西。

英国哲学家培根说："能保持着正确道路的瘸子，一定会超越走错了路的善跑者。不仅如此，一个人如果跑错了路，那么越是跑得快，就会越加迷失方向！"

我们不想让孩子输在起跑线上，但可能一开始就让孩子站错了跑道。

我们需要好的嗅觉，并不意味着就要把鼻子训练得像狗一样灵敏。这个道理浅显易懂，可我们却让孩子跟计算机竞赛记忆能力，这就如同让人跟狗竞赛嗅觉一样荒谬。很多智力超常的孩子非但没有接受真正的智力开发，反而被当成了问题孩子，实在令人痛惜。

市面上的智力开发理论五花八门，该相信谁呢？有个简单的鉴别办法：真正的智力开发是激发孩子主动思考，而不是被动接受知识。有成就的人哪个是被"伟大的教育产品"塑造出来的？

美国著名心理学家布卢姆通过对近千人的追踪调查发现，5岁前是儿童智力发展最快时期。如果把17岁的个体所达到的平均智力水平看作100%，那从出生到4岁便获得了50%，从4岁到8岁又获得30%，余下的20%则是从8岁到17岁获得的。由此可见，尽早选择正确的智力开发方法对孩子的早期智力开发是多么重要，一旦选错了方法，可能就浪费了孩子一生的黄金期！

鼓励孩子思考

有经验的健身教练在训练学员提高肌肉力量时，无外乎做到两点：一是肌肉负重接近承受的极限，二是不断地重复。运动员都是这么练的。

那提高大脑"肌肉力量"是不是同样的道理？让大脑接受"负重"训练，科学地高强度地不断地重复使用大脑，孩子不会被累坏，反而会越来越聪明。

但问题是，衡量肌肉力量的指标显而易见，比如重量、速度、距离等。在训练过程中运动员一旦偷懒，会立即从这些指标中反映出来。可大脑是否在高效运行却没有这样的简单指标来检验，这就给我们带来难题了：怎么判断这大脑"训练"是走在正确的路上呢？

这就涉及我所说的智力开发中另外一个关键点了：把强迫孩子思考变成鼓励孩子思考。

将这样的理念渗透到与孩子相处的点点滴滴中，效果是非常显著的。

女儿刚学会走路，我带她出去，尽可能不拉她的手，她也养成习惯不拉我的手。在我看来，拉手就是在主导她的思维。到了女儿17个月大时，我带她到楼下，回家时干脆让她走在前面，让孩子把我带回家，我在后面跟着她。300米长的路，她居然没有走错。

女儿2岁的时候，有了自己的审美观，她会自己选择服饰。从这个时候起，凡是我们给她买服饰，都会让她自己选择，我们不再干预，以培养她的自主意识。

这样的教育方式下孩子精力显得特别旺盛。比如，当有小朋友跟她一起玩的时候，中午就不想睡觉了。这个时候，我们没有必要过度在意孩子正在做的事情有什么意义，重要的是孩子的大脑高速运转。事实上，孩子一开始真正感兴趣的，恰恰是对现实生活有实际意义的事情。

婴幼儿及儿童期的孩子对模仿大人行为有着强烈的欲望：大人拿筷子，他也想拿；大人用笔，他也非要不可；大人敲键盘，他砸键盘最开心；大人拿遥控器，他就试图按一下按键……我们应该尽量满足孩子做事的欲望，如尽早让孩子自己吃饭、自己穿衣、自己擦屁股等，这些事本应他们自己学着做。只要孩子愿意，也尽可能让孩子参与家庭的各项事务。

我们辅导过的一个家庭，3 岁的儿子，每次在大人上厕所的时候，就会守候在门外，等大人上完厕所，由他来完成按抽水钮的工作。女儿 4 岁时要看我炒菜，我就把她抱起来，让她站在灶台上看，她要是心动了，我索性把锅铲也交给她"自由发挥"一番。

正是在这种"自由发挥"中，孩子们增长了智慧，而这些智慧是"教"不出的。

1.4　装傻第一招："我闭嘴！"

给孩子自由思考的时间

女儿还不到 2 岁时，我第一次带她去深圳野生动物园，游览时有观看动物表演的项目。我们在表演场刚坐下来不久，她突然离开自己的座位。出于好奇，我没有阻止她，想看她究竟要干啥。她直径走到离我们座位五米远的过道台阶上坐下。原来她坐在成人座位上，脚不能放在地上，不舒服。在孩子起身要离开我们的时候，我们恐怕都会以不安全为由阻止，但这样做就让孩子丧失了一次独立思考的机会，也丧失了一次宝贵的智力开发机会。

　　"教育"从中文字面上理解，是"教授"和"培育"；而英语的"教育"（education）意思是"挖出""抽出"。这意味着，教育不是灌输，而是激发思考。早在三千年前，古希腊学者普罗塔戈（Putarch）就指出："头脑不是要被填满的容器，而是需要被点燃的火炬。"德国物理学家普朗克进一步指出："教育的最终目的是要把人的创造力量诱导出来，将生命感、价值感'唤醒'。"

　　精英是知道"做正确的事"的人，而不只是"正确地做事"的人。当我们总是规定孩子"你要做什么""你要怎么做"的时候，就阻碍了孩子成为能够"做正确的事"的人。

　　爱因斯坦谈到教育的弊端时指出："现代的教育方法，竟然还没有把研究问题的神圣好奇心扼杀掉，真可以说是奇迹；因为这样脆弱的幼苗，除了需要鼓励以外，主要需要自由；要是没有自由，它不可避免地会夭折。认为用强制和责任感就能增进观察和探索的乐趣，那是一种严重的错误。"著名创造学家阿兰·卡伊说："预测未来的最好方法是去创造未来。"

　　要培养孩子"创造未来"的欲望，就要从小培养孩子"家事、国事、天下事，事事关心"的性格。这需要给孩子自由思考的时间。

　　我们不需要为了让孩子学习画画而给他手里硬塞支笔，只要在他第一次抓笔的时候，不制止他就可以了。可我们往往在孩子第一次抓笔时，就以危险为由非常轻率地限制了孩子的行为。正是我们的轻率限制，使孩子丧失了开发智力的机会。孩子缺乏学习主动性，其实正是我们亲手造成的。

　　讲到这儿，我们可以这样定义智力开发：智力开发的首要任务不是教给孩子那些我们认为正确的、必须掌握的知识和技能，而是认真研究孩子行为动机的合理性，在"适应社会"的约束前提下，最大限度地满足孩子的行为要求。

让孩子自己去体验

无论我们多么有责任感，我们都不可能解决孩子的所有问题。我们无法替代孩子解决的问题，只能由孩子自己去体验。

自小被家长送到各类不同夏令营的孩子们，几乎总是异口同声地说，喜欢我们的超极少年夏令营。老师们揣着点自豪心去问孩子原因，孩子们说得最多的就是，我们老师从来不跟孩子讲道理，也不在活动完毕后要求孩子写日记或者作文对活动发表感想。这些现象告诉我们：一味地灌输道理，会令孩子非常反感。在我们的活动中，对孩子也会有任务要求，比如攀岩、高空拓展、游乐场惊险项目、鬼屋……对于不守规矩的孩子，我们有时候也会体罚。孩子经历从"不敢"到"敢"的过程和从"不守规矩"到"守规矩"的过程会非常痛苦，但成功的喜悦又往往让孩子更乐意接受这样的挑战和惩罚。

在我们超极少年夏令营里，孩子们可以晚上12点才睡觉，但早上六七点就起床了。孩子们有这样令人震撼的活力，其中最重要的秘密就是我们总能设计出不同的体验方案，让孩子有着和在家里、在学校不一样的全新感受。这就是我所倡导的体验教育。

体验教育与说服教育有本质的不同。体验教育是当孩子们做的事情和我们的预期相悖的时候，我们永远是在检讨给孩子的环境是否合理，而不是认为是孩子不懂事。

我们想对孩子说教的事情无非这几类：一是技能，想教给孩子各种技能；二是危险的事情，想告诉孩子远离危险；三是规定要做的事情，要说服孩子去做。当说教不管用的时候，我们不再用说教方式，学会管住自己的嘴，让体验式教育代替说服教育，会产生神奇的效果。

给孩子锻炼能力的机会

父母可以把孩子作为世界的中心，但不要忘了，父母也要过独立的生活。完全围绕孩子转而没有了自己的生活主题的父母，常常会以爱的名义干扰孩子的成长。

我们常常会说："这个教了很多遍了，为啥还没有学会啊？"如果总也教不会，那我们不妨闭嘴，索性让孩子自己去摸索，尤其是在孩子做错的时候，不要试图去指导，孩子愿意学就行了。这样做最大的好处在于，孩子有了更多自主动脑筋的机会，我们的教育也会变得简单而轻松。

比如，孩子不会使用某些电器的时候，我们不再立即告诉他，而是让他看说明书自己摸索。

比如，孩子遇到困难时，我们学会反问孩子："你认为这件事情有几种解决办法？"

儿子8岁时，喜欢看港产片。在我的眼里，港产片多是些思想性不强、只能娱乐解闷的影片。可我不给孩子讲什么道理，而是敞开让他看。到了10岁，儿子已经不喜欢看港产片，而是爱看福尔摩斯探案、战争题材或历史题材的影片。

我们传统的教育理念认为，我们应该给孩子灌输正确的思想，孩子才会成熟。而真正的智力开发，是让孩子更多地经历不成熟的事情，从而自己逐渐总结出更为成熟的思想。孩子的认识完全可以靠自己提高的。很多大孩子不喜欢跟小孩子玩，最重要的原因就是嫌小孩子幼稚。

有时候孩子会对一些脏话感兴趣。对于孩子来说，他们仅仅是好奇，并不真正理解这些脏话的内涵，我们不必太过在意，当好奇心过后自然就不说了。只有把脏话当成口头禅时，我们才有必要加以制止。

成长需要经历，成熟需要阅历。

我们告诉孩子的事情，孩子绝大多数都记不住。其实即使孩子记住了也并非我们说教的结果。孩子的认识是根据体验而非说教，孩子记住了一些不好的东西，要么是因为对自己有好处，要么能满足自己的好奇心。

孩子的幼稚行为不是靠说教来改变的。只有经历幼稚，孩子才能渐渐变得成熟。

真的要提醒孩子别"摔跤"吗?

我们常常会看到这样的景象,当孩子走到一个高台边上,妈妈要么唠唠叨叨对孩子说:"别走到那么边上,太危险了!"要么干脆把孩子强行拉开。

孩子的行为常常让我们提心吊胆,不敢把视线错开一点,生怕一不留神出了危险。近两年儿童溺亡事故频发,社会各界都在反思并开出严防死守的"药方"。这个"药方"通常包括两个方面:一是家长要加强监管,绝不让孩子私自玩水;二是水域管理方要尽到责任,既要安装警示标志又要设立救生队伍。

不能说这样的"药方"没用,但它的缺陷也是显而易见的。毕竟,孩子有独立的思想、意志与行动能力,就算父母监管再严,孩子也有离开父母视线的时候;这就意味着,孩子总会有私自下水的机会。再说了,水域那么宽广,就算管理方恪尽职守,也不可能把所有的水域密封起来;这就意味着,孩子总会有下水的地方。如此一来,发生意外也就在所难免。

女儿刚会爬的时候,经常爬得很起劲,如果不留神,就可能从床上摔下来。这么小的孩子,还听不懂话,也无法给她讲道理。我的做法是先在床下铺上被褥,让孩子有机会体验一下摔下来的感觉。结果,当我故意把她拉向床边,她就会反抗。

这给我启发:对于安全问题,孩子天性有一种自我保护的内部力量,后天环境干预、保护过甚反而会使这种力量丧失。最重要的是提高孩子的安全意识和防范、自救能力,而不是直接保护孩子。

如何提高孩子的防范意识呢?面对孩子站在高台边上,我的做法是,上去在背后猛推一下。孩子一般会出现两种情况:一是受了很大的惊吓,二是迅速做出条件反射式的自我保护。使用这个方法要注意:我们猛推的同时要抓牢孩子以保证安全。当这种情况反复出现,孩子会迅速建立自我负责的安全意识。

　　这种方法的原理等同于打疫苗原理。疫苗是对某些致病因素人为干预生产的。疫苗有一定毒性，能让人体产生抗体，但毒性不至于失控。把打疫苗原理迁移到对孩子进行安全训练上，就是让孩子经历更多已经降低了风险度的危险事情，提高孩子的应对能力。比如，让孩子在受控的情况下接触热水，就可以有效地建立孩子对热水会烫伤人的认识。

激励孩子做必须做的事情

　　当我们觉得孩子的自律能力尚不足时，总是会提出一些要求，但孩子很难做到按要求来行事。这个时候，说教收效甚微，我在《孩子，因你而变》中提到教育孩子的"企业管理法"是非常奏效的：和孩子约定，完成得就好奖励，做不到或做得不好要处罚。

　　奖励，要让孩子感觉到"甜"的滋味；惩罚，要让孩子感觉到"痛"的滋味。只有这样，奖惩才能触及孩子的内心，才能对孩子的发展有意义。

　　比如，孩子发脾气的时候，我们就不要搭理他，让他知道发脾气是没啥效果的。

　　至于孩子是否按时起床、按要求洗漱、按要求吃早餐、按规定收拾书包、记着带钥匙、上课认真听讲等类事情，也是定好了奖罚措施就够了。对孩子来说，可以按要求做，也可以不按要求做，只要承担"痛"的后果就行。

　　如果定了奖罚，孩子还是常常违规，我们就要思考，究竟是我们对孩子要求太苛刻了，还是我们设定的奖罚不足以对孩子产生影响。与传统说教不同的是，我们不再把与孩子讨价还价当成负担，我们的大脑和孩子的大脑都在高速运转，我们变得越来越会做家长，孩子变得越来越聪明！

　　孩子喜欢玩游戏，我们又不想让孩子把过多的时间花费在玩游戏上，这个时候我们可以把允许孩子玩游戏的条件定得高一些。如果孩子为了自己喜欢的事情做出了很大的让步，我们也没有必要非要坚持自己的主张。比如，我们每天规定孩子要完成一定的任务，孩子完成了，就应该允许他玩，而不应该把时间安排得满满的。如果我们把时间安排得满满的，只会导致孩子做事拖拖拉拉，让孩子的大脑处于疲劳或者休眠状态。

当然，激励孩子做他们必须做的事还有很多种方法，我所提倡的奖惩只是一种外部强化的教育手段，它的目的是培养孩子在没有奖惩的情况下仍然能自觉地去做他该做的事，即：奖惩是为了不奖惩。因此，我们应努力创造条件，让孩子从活动本身带来的成功和快乐中强化正确的行为，从自律中得到满足；激发孩子学习、发展的积极性绝不能仅仅靠外部强制手段来实现。

1.5 孩子可以有说不完的话

孩子越来越沉默

我们会不自觉地跟孩子多说话，认为这样可以提高孩子的语言能力。于是，在孩子出生前，我们就开始自说自话地对孩子进行"语言熏陶"。孩子出生之后，我们更是喋喋不休。可结果往往是：孩子反而不爱说话了。有些孩子在外人面前侃侃而谈，但在父母面前紧闭双唇，这是怎么回事呢？

说话是人与外界交流的手段，是表达内心想法和需求最直接有效的方式。中国著名电影演员赵丹在"文革"期间被关在监狱的单间里，没有人可以说话，他就不断地自言自语，以防止精神崩溃，以至出狱后还是有自言自语的习惯。孩子也不例外。尽管孩子刚开始学说话的时候，表达不清，别人搞不懂他的意思，但这并没有浇灭他们想说话的热情，有了这样的热情才有了语言能力的提升。

然而，这样的热情很可能在我们不恰当的教育方式下逐渐消失。

如果我们与孩子的对话不是教孩子什么、提醒孩子什么，就是指出孩子的错误，完全成为一种单向信息传输时，我们把话说完了，孩子就不知道该说什么了。如果孩子要想说什么，就会有这样的担心：一是怕说错话挨批；二是对家长的议题没有兴趣，又没有说自己感兴趣话题的机会；三是自己说话时，思路总是被打断。久而久之，孩子就变得沉默寡言。"不爱说话"的标签就这样被硬生生地贴上了！

女儿从小就是个话痨，总是问这个怎么做、那个是怎么回事，还会经常提醒我很多事情，甚至会经常告诉我她今天学会了什么，并得意地跟我说："你要不会做，我来教你！"在她的带动下，我也变得多言善语起来，不仅要忙着回答她的提问，还要提出一些问题引导她解决，更会情不自禁地夸奖她出色的表现。

动嘴越多动脑越快

写不好作文是孩子的通病，其实作文无非就是把想说的写出来。如果孩子不喜欢说话，或者不擅长说话，或者必须按照我们的要求说话，那如何能写出好作文呢？要想写好作文，首要就是训练语言表达能力，让孩子们在相对自由的环境中畅所欲言。

但家长们既想让孩子写出好的作文，平时又头痛孩子话多，岂不是自相矛盾？研究显示，孩子每天说话时间大于135分钟，其发生智力低下的危险性为说话少于135分钟的五分之二。6岁以前是儿童语言、认识与情感潜能发展的关键期，如果缺乏相应的刺激，则可能引起不可逆的损害，造成智力或功能障碍。可能我们会期望孩子该说话的时候说，不该说话的时候不说。可问题是，孩子不是机器，一按电钮就工作，不按电钮就不工作。如果孩子真变成了机器，我们会更痛苦，因为孩子做事不主动！

我们知道，低龄的孩子一般多动。其实多动是大自然赋予动物训练运动能力从而提高身体素质的一种本能。语言能力的发展也一样。孩子天生就是非常愿意说话的，当孩子开始自主思考问题时，自然有很多话要跟我们说：或者问我们怎么做，或者直接要求我们帮助，或者想告诉我们一点新鲜事来联络感情。这个时候，我们只要带着耳朵听就是了。如果发现孩子有什么说得不对，先不要急着发表意见，遵循我下面提到的方法，发现孩子跟我们想法不一样的地方。

儿子从小到大，跟我有说不完的话，不少故事都是他告诉我的。这并不是他和别的孩子有多大先天性差别,而是我懂得"闭嘴"。

有些家长会担心,我们学会"闭嘴",是不是跟孩子就更没话了?当然不是。当我们转变了观念,反而可能话更多了——围绕着孩子感兴趣的话题更多了。我们"超极少年"的老师跟学生就有说不完的话,秘密就在于我们很少会主导话题,在话题中,孩子永远唱主角。

学问越多疑问越多

有一次,古希腊智者芝诺的学生问他:"老师,您的知识比我们多很多,您回答问题又十分正确,可是,您为什么对自己的解答总是有疑问呢?"芝诺用手杖在地上画了大小两个圆圈后说:"大圆的面积是我的知识,小圆的面积是你们的知识。显然,我的知识比你们多。但是,这两个圆圈外面,就是你们和我皆无知的部分。大圆圈的周长要长得多,因而我接触到的无知范围也比你们多。这就是我常常怀疑自己的原因。"

现代心理学研究表明:意识到问题的存在是思维的起点,没有问题的思维是肤浅的、被动的思维。具有强烈问题意识的思维,才能促进人们去发现问题、解决问题,直至产生新的发现。

学习知识的目的是为了解决问题,如果连问题都提不出来,学习也就失去了意义。

精英的思维是从发现问题开始,而普通人无论在问题的提出和方法的获得上,都是被动接受他人的灌输。这种差别源自教育理念。真正的智力开发把"问"作为"学"的起点,"学"是"问"的继续;而传统教育把"学"作为"问"的起点,"问"是"学"的继续。

宋代理学家朱熹说:"学贵善疑。大疑则大悟,小疑则小悟,不疑则不悟。"

社会精英往往是不耻下问的人,这是因为他们每次提问都能有所收获,从而养成提问的习惯。孩子天生是喜欢提问题的人,可我们常常对于孩子提出的各种千奇百怪的问题敷衍了事,不是说"这个你还不懂",就是说"等你长大了就知道了",这些行为无意中扼杀了孩子的好奇心。

现在的孩子有了更强的独立意识和参与需求，在成长过程中，他们常常会提出一些带有自己印记的真实问题来，这些真实问题往往能反映他们的实际认知水平和他们学习的兴奋点。孩子提出的问题有时候也许只是关注一个细节，但是这些细节问题的背后蕴藏着他们最真实、最原始的想法。要培养孩子自发性思考的能力，就不能让孩子在一个限制过多的环境中成长。我们要营造一种氛围，鼓励至少不要限制孩子进行发散性思维，对好奇心所引发的"胡思乱想"要更为宽容。

"好问"胜过"会答"

我们习惯于把孩子的提问限定在既定的学习内容上，当孩子提出这些内容以外的问题时，会不自觉地把孩子基于求知欲而萌发的好奇或探求看作是"多事""不规矩"。

在传统的智力开发模式中，知识是通过我们的教育灌输给孩子的，有学问的人是那些能够回答各种问题的人。在中国，老师如果回答不出孩子的问题会感到很尴尬。这种心态也会传递给孩子，孩子担心一提问就会暴露自己的无知。到了成年，这种现象会更加普遍而严重。有个外国朋友曾跟我说，在中国问路，刚开始他都是问"这么走对吗？"结果每次人家都跟他说"是"，绕了不少冤枉路。因为中国人习惯用"是"来掩饰自己的"不知道"。这种心态是我们教育理念造成的。

在发达国家，学生提出老师答不上来的问题，老师不会尴尬。而如果有学生能回答，这个学生更会受到表扬。

中国老师在课堂上的提问，总是有他们预定的正确答案，不会接受脑筋急转弯方式的回答，孩子也就变得不爱回答问题。我们常常为孩子不爱回答问题而发愁，可殊不知是我们的问答方式有问题。真正的智力开发是培养孩子好问能力，而不是好答能力。

当孩子刚刚开始牙牙学语时，他们会指着看到的事物问我们"这是什么，那是什么"，我们应非常耐心地给他解说。不要因为孩子所提的问题可笑、幼稚而拒绝回答。成功的智力开发不是孩子可以轻松地回答大人提出的问题，而是能激发孩子不断提出连大人都觉得难以回答的问题。

当孩子稍大点儿，问题更多了，有的问题会令人烦躁和尴尬，解答起来也很费事；但我们无论如何绝不能因此拒绝或逃避孩子的问题，自己回答不了，也要想办法获得答案，或者告诉他可以从什么书中或者什么人那里得到答案。和孩子一起讨论问题，就是对孩子求知欲的最好鼓励。

年幼的儿子跟大人们在一块的时候，大家都会好奇他头脑里怎么会有那么多的问题和想法。这就是经常鼓励的结果，我还用反问的方式启发儿子，促使他思考更多的问题。记得儿子在10岁的时候，问到有关性知识方面的问题，他想知道受精的过程。

孩子从课堂上了解到光有妈妈是不能生出孩子的，必须由父亲提供给母亲精子。他在如何提供精子这个问题上存在疑惑。我反问他："你认为，母亲应该怎样受精？"儿子的答案非常有趣，他认为是母亲喝下了精液。我又反问他："那我们每天都吃下去这么多东西会怎样？"孩子意识到他的答案不对，又回答是靠注射的。我反问："动物没有注射器，那如何怀孕呢？"他想来想去，实在想不出来的时候，我再如实告诉他受精的过程。孩子年幼，并不能完全理解我所说的，但他接触了这些科学知识，等到了性成熟的时候，就不会产生神秘感。

如果您的孩子不爱说话，那就尝试着用我提到的方法吧。爱说话是孩子的本能，如果能够按照本书倡导的"装傻"四招去做，孩子一定会变得爱说话的。按照我们的实践经验，即使是所谓内向型性格的孩子，一旦话匣子打开了，可能比外向型性格的孩子更能说。

让孩子主导一天

几乎每个人在小时候都有过穿大人衣服、鞋子的经验。这种行为表明其实潜意识里孩子是想能拥有像大人一样独立自主的权利。我们习惯了在家庭生活中充当主导的角色，有没有尝试让孩子成为行动的主导者呢？

　　女儿3岁多时，在一个周日，我让孩子做了一回"小大人"，让她决定自己的行动。

　　清晨起床，女儿就很兴奋地让我带她出去。我带着她出门，中途去取钱时，个子矮小的她看不到取钱过程，我就把她抱起来，把她放在柜员机的小平台上，让她目睹整个取钱的过程，了解柜员机的作用。

　　接着女儿领着我来到她所熟悉的草坪，想要上到高台上，玩类似"平衡木"的游戏。我鼓励她自己爬上去。她费了很大力气才上去，马上一脸得意地招呼我也上去，以便跟她"分享"在高台上的乐趣。孩子的这些活动，就是最有效的感觉统合训练，不仅训练了平衡能力，也训练了注意力，最重要的是在玩乐中学习，孩子性格更活泼开朗。

　　玩闹之后，女儿似乎饿了，她把我带到了一家面包店，为自己点了一块蛋糕，我也点一块面包，这就是我们的早餐。她想要点一杯饮料，我没有答应，因为面包店的饮料比较贵，我答应她可以在面包店之外点饮料。出了面包店，我们找到台卖鲜榨果汁的自动售卖机器，女儿看到别人投币，也自己尝试着投币，顺利买到饮料。

　　在吃早餐的时候，她尝试着像大人一样用刀子切面包，发现面包切不开，就直接用手掰，掰下来后不是直接放进嘴里，而是尝试用叉子吃。当她发现自己会用叉子时，还兴奋地往我嘴里送一块。女儿是用玩的方式完成了早餐，这样的早餐不仅快乐、吃得香，还学会了一些生活技能。

　　吃完早餐，获得极大自由的女儿似乎有点茫然无措，我建议她去看一下溜冰场。这是一个真冰的溜冰场，她之前从来没看过，于是立马高兴地采纳了我的建议。我告诉她溜冰场在商场的五楼，她自告奋勇，要给我带路。溜冰现场的景象让她兴奋不已，她在那里足足待了40分钟。这不仅满足了孩子的好奇心，也培养了专注力，更引发了对美好事物的向往。

　　离开了溜冰场，女儿对周边的环境隐约感到熟悉。于是，她要走在前面给我带路。她带我去了乐高专卖店，在免费试玩场一玩就是一个小时。临走的时候，她非要我给她买一款乐高的拼装套件，我不给她买，她就开始大闹起来。我说："这里的东西太贵，我带你到玩具批发市场，那里东西便宜。"

在开车去的路上我跟她说，如果睡着了，我就开车回家，她答应了。可在车上，尽管多次与瞌睡抗争，最后她还是没有忍住睡着了。等我抱她上楼的时候，她醒过来又开始大闹。我笑，闹没有用。她带着抽泣，再次进入了梦乡。

等醒过来之后，女儿马上想起没有满足的愿望，继续闹着要玩具。我开出条件："那你要答应我完成一项高难度的任务哦。"这是我们常用的规则。我们一起来到了小区儿童游乐场，那里有个七八米长的网圈。孩子一般都是在圈里钻来钻去，可我要求她从外面爬过去，这是她过去不敢的。为了玩具，女儿一抹眼泪瞬间从萌妹子变成女汉子，最终还是完成了。

于是，我们又来到小区的百货商场，让她选玩具。孩子在玩具柜台转了三圈，最后看中了一款没有搞懂是什么的玩具。回到家她就开始鼓捣新玩具，虽然还不认识字，但已经知道看着图解说明尝试着玩法。这时候，我忙我的了。鼓捣了好一会儿之后，女儿兴奋地跑过来告诉我，她知道这个玩具怎么玩了。

去超市买菜购物时，女儿已经迫不及待地表现出"做主"的意愿来，我索性让她来选择要买什么。等买完菜回到家，她非要帮我择菜、切菜。可她个子太矮，我索性把案板放在地上，让她在地上切……

1.6　玩的动机竟然是学的动机

把学习"玩起来"

教育的重点不在于教给孩子什么，而是如著名教育学家叶圣陶所说："教育是为了不教育。"

有一次，我给4岁的女儿吃我剥好的巴旦木（一种坚果，外壳像核桃，但但比核桃松软很多），她感觉非常好吃，就尝试着自己剥外壳，当她成功剥开了外壳之后，十分兴奋，把第一个自己剥开的果仁给了我。

让孩子做自己想做的事情，会给他带来极大的快乐，这是孩子愿意主动学习的最大动力。也就是在玩乐中学习。

现在市面上很多给成人看的记英语单词的书都是啥趣味记忆法、边玩边学习之类的。这说明连我们大人都无法忍受枯燥的学习方式，需要趣味性学习，何况天性好玩的孩子们呢？

在发达国家，人们十分重视孩子们"玩"的天性。比如在西班牙，运动是孩子们生活的一部分，如果孩子迷上了网球，做父母的几乎每周都要陪孩子去看球赛；只要有孩子参加的比赛，家长总是抽时间去当拉拉队员。而在澳大利亚，学校会在假期安排一些球赛、参观博物馆、远足等活动。以教育闻名的加拿大更进一步，政府针对中学生开展了一项叫作"终身学习"的体育活动项目。希望通过这个项目能给中学生灌输"运动是终身学习"的理念。

玩耍是孩子的天性，是孩子探索世界、学习成长的最佳渠道。不让孩子玩耍，就等于剥夺了他们应有的权利。通过玩，鼓励孩子思考"我要做什么""我要怎么做"，而不是"你要做这个""你要这么做"，从而启发孩子的观察力、想象力与创造力。

很多伟大的发明往往是在一些无意义的行为中产生。中国四大发明中火药的发明，就是人们在炼丹过程中无意发现的。即使像爱迪生是有目标地去发明电灯，也经历了两千次没有意义的结果。成功的人在努力过程中，无论是结果已经完全超出了自己的预期，还是跟自己的预期尚有很大距离，都不会放弃努力。这跟他们用玩的心态工作是分不开的。

智力开发就是要培养孩子用玩的心态去学习和生活，对孩子的行为就不应该赋予太多目的性。格伦·多曼在《教你的孩子学数学》一书中指出："所有的孩子生来就这样认为，学习是生活中最有趣的和最伟大的游戏，并且将继续这样认为，直到我们使他们相信学习是非常艰苦和讨厌的工作为止。有一些孩子则从来没有真正地遇到这个麻烦，并且终其一生都相信学习是唯一值得玩的有趣游戏。我们给这样的人取了一个名字，叫天才。"

每当我看到这一段文字的时候，都会感到十分心酸，因为所有的孩子本来都有可能成为自己所喜爱的领域中的"天才"，而我们错误的理念最终让"天才""泯然众人矣"。

一项历时10年、涉及1000多对双职工的调查表明：如果夫妇俩整天忙碌，只有到了晚上才能抽出一两个小时的时间尽父母教育之责，那他们出于内疚会专门留出时间与孩子一起玩。尽管用心良苦，但效果却适得其反——父母想使孩子的每一分钟都不虚度，这种刻意的陪伴却让孩子觉得玩是一件苦差事。

《儿童玩耍报告》显示，有六成父母没有时间陪孩子玩。值得注意的是，73%的孩子渴望有更多时间和父母一起玩耍；而62%的父母认为没有时间陪孩子玩，93%的中国父母喜欢和孩子待在一起，而不是陪着他们玩儿。这表明，孩子非常愿意做的事情是和父母玩耍，而太多父母没有精力也没有时间满足孩子的愿望。

我们当中很多人一方面担心孩子玩会影响学习，另一方面又把让孩子玩作为激励孩子努力学习的措施。这又可能让孩子玩得失控了。与其担忧，我们还不如让孩子玩出名堂来。

玩是最好的学习方式之一

孩子刚开始堆沙包时，只会简单地堆座小山，父母这个时候适当引导孩子：你可以堆一座城堡呀！孩子欣然行动，可他在堆城堡的过程中发现，他堆的城堡很容易塌。这个时候我们不要去教孩子如何堆出一个不塌的城堡，而是自己和孩子一起玩，设法先堆出一个不塌的城堡，让孩子自己分析为什么爸爸堆的城堡就不会塌。当孩子明白，爸爸堆的城堡不塌是因为沙子里有水，孩子也就会自己去找含水的沙子来堆不塌的城堡。

在玩乐游戏中启发孩子主动思考，比直接给他讲"如何堆不会塌的城堡"的道理有意思多了吧？孩子玩得开心，学得更开心。

　　古语云："玩物丧志""吃得苦中苦，方为人上人"。这种思想显然忽视了"玩"的积极意义。我们认为，玩的积极意义在于：

　　● 在玩中创造了做事的目的。玩的过程中，孩子在好奇心和求知欲的驱使下，会创造出做事的动机：打雪仗中，有各种游戏规则花点子；玩沙子时，创造了不同造型的城堡；吊扇披上卡通长条，可以彩旗飞舞……当孩子被赋予很多学习任务时我们会发现，抓紧时间学习的孩子不少，能抓住机会的孩子不多。

　　● 在玩中激发了想象力。德国教育家卡尔·威特曾说："想象力是没有具体目标的，只有在具体活动之中才可以有效进行。孩子越小，想象力显得越重要。"在游戏活动中，特别是在那些角色游戏和造型游戏中，孩子们随着扮演角色和游戏情节的发展变化，可以不断地演绎自己的思想，在这些事情上孩子们基本无师自通。如在"过家家"的游戏中，他们会效仿大人们的行为，演绎出矛盾和冲突。

　　● 在玩中提高了做事能力。在游戏中，所有做事目的、方法和结果都是开放的，孩子们可以主导这一切。好的娱乐项目会有各种不同的变化，孩子在玩的过程中，要及时地做出判断，特别是在和别人竞争的项目中，如果要想取胜，就要有比别人更快的选择能力。

　　● 在玩中学会与他人合作。很多游戏是团队协作完成的，孩子通过完成共同的目标，会明白合作的重要性；通过与玩伴的交流，得到有用的信息，使孩子掌握获得信息的最有效方式，同时学会处理各种人际交往矛盾。

　　● 在玩中得到充分必要的休息。我们经常抱怨上班太累、生活辛苦，但却时常忘记我们的孩子也担负学习的重压，他们正在长身体，更需要充足的休息。只有调整好玩和学习的关系，让孩子玩够了，才能大大提高学习效率。

　　其实，成年人也有很强烈的玩的动机，比如成年人喜欢下棋、开车、旅游、参观、观看体育比赛。我们应该多给孩子玩的机会，玩不只是使孩子有个金色的童年，更是智力开发的好机会。

悲剧：把玩和学习与生活分离

孩子获取知识有两种方式：通过"知识教育获取"和"通过玩耍获取"。中国的父母过度关注"知识教育"而忽略"玩"本身也是获取知识的重要方式。孩子玩的时间太少，学习负担太重，就会使他们对学习感到厌倦，即使是最循规蹈矩的孩子，也会讨厌学习。

我们常常为孩子好动发愁，尤其年幼的孩子对大人世界里所有的东西都充满好奇。拉锯战时常在孩子"想做"和我们"不让做"中展开，直到有一天孩子知道拗不过大人，对啥都提不起劲头了。在教育女儿上，我改变了这种固有的思维方式，尽量满足孩子的"好动"。当然这也给我带来过不少困扰：影碟片坏了、微波炉里面包糊了、手机软件给搞丢了……但更多的是女儿成长的惊喜：一两岁的时候，就会自己使用影碟机，自己摸索学会了用手机拍照，自己搞清楚车上仪表盘哪个是管音乐控制的。

参加超极少年夏令营的孩子都玩得非常开心，总是觉得夏令营时间太短。可正是这个原因，有些家长就不让孩子再参加我们的活动了，因为在这些家长的眼里，孩子玩得太开心了，会荒废学习。

很多家长认为学习应该是十分严肃的、有意义的、紧张而辛苦的，而玩简直就是学习的头号天敌，是无益的，是在浪费时间。把玩和学习、生活相分离，是人类教育史上的最大悲剧，真正的智力开发应该让这种联系重新回归到正常轨道。

对于刚来到世界的孩子来说，他眼中的世界并不存在玩具和非玩具、游戏和非游戏之分。就像一只猫会把自己的尾巴当玩具。养过猫的人会发现，猫抓到老鼠的时候，不会马上吃掉，而是要把它的猎物好好戏弄一番：先躲在旁边，假装离开，等老鼠一挪动，就又把它抓回来。人在玩的状态下工作，会更有机会进行创造性的劳动。当我们人为地区分玩具和非玩具、游戏和非游戏的时候，孩子就渐渐形成"玩具和游戏是带来快乐的，学习和工作是辛苦的，甚至是无聊"的概念。这样的后果是，孩子可能故意做事拖拉，导致学习效率下降。

　　4岁的女儿"探索"我车上的仪表盘，当调出了影像设备中《江南Style》的骑马舞后异常兴奋，她还十分得意地要教我调试。孩子在这样的学习过程中，该有多快乐！

　　当我明白玩儿对于孩子成长的意义之后，开始尝试一些全新教育方式。我带女儿去小区儿童游乐区玩的时候发现，很多家长时时刻刻围着孩子，对可能带来危险的行为都是提前阻止或者跟孩子说不要做；而我会放任女儿，只要不会导致严重伤害，如只是摔倒了或者碰到了哪里，都不会事前阻止。

　　有时候孩子真弄疼了，有的家长会说："你看，我都跟你说过了不要这样，弄疼了吧，下回一定要注意。"我会对女儿说："哎哟，滑滑梯是不是比你更疼啊？"应该做什么，孩子不傻，自己会总结，不需要我们操太多心来代替他们成长。家长们习惯了在孩子做事时去指导，甚至直接帮着做。关爱过多，总有一天会为孩子包扎伤口。

　　我经常是给女儿规定达成目标的奖励，鼓励她自己主动去做。如果目标有难度，给的奖励不足以诱惑她，我就通过降低难度或者增加奖励的方式来解决，从不会直接教她或者帮她。

　　同样是坐摇摇椅，我故意给不到2岁的女儿一张1元纸币，让她自己到售货员那里去换硬币。一开始，她很难把硬币投到投币口里，我就当没看见，让她自己慢慢来。如果她不肯去换币，不肯自己想办法投币，只是哭闹，二话不说，走人！就这样，她玩一次摇摇椅所花的时间要比别人至少多一倍，但在这个过程中，她学习了如何与人沟通、进行了感统训练、经历了克服困难的过程、提高了抗挫折能力，这可不只是玩啊。

　　我们当中很多人会把游乐场仅仅当成游玩的地方，但学习就藏在这些游戏中，比如数数呀、认东西呀、教英语呀。我寻找孩子能力的极限，让她每次去都有突破，充分享受"游戏中学习"的快乐。比如：秋千总是越荡越高，直到无法再高为止；转马总是越转越快，直到她说"够了"为止。

成功的智力开发是把"学习"变成"玩"

一次，我带儿子到医院看病，他发现挂号时只要将病例在条码机上扫描一下就可以了。儿子拿着手中的纯净水瓶上的条码，也在条码机上扫描一下，出现了一个结果。我们不要因为孩子做事"无目的"，就不允许去做，或者迫不及待地告诉他应该做什么。孩子"无目的"式的尝试也是一种非常重要的学习方式。好奇心用在没有意义的事情上，就是玩；用在有意义的事情上，就成了创造的动机。最重要的是让孩子有好奇心。

孩子做事不会区分什么有意义、没意义，只要能满足好奇心和赢的动机就行。幼儿什么东西都想摸摸，什么东西都尝试往嘴里塞，努力爬，努力站起来，努力走。对他们来说，所有的行为都是在玩，也都是在学习。

我们往往出于担心不让孩子乱动。下雨了，孩子故意走在水里，我们不加思索地拉住他；孩子看到沙堆就爬了上去，我们又把他拉下来。孩子想自己倒水、想自己系鞋带、想帮着端菜……当这些愿望被我们不假思索地拒绝，孩子的好奇心就会一点一点地消失。

不可否认，孩子沉迷在玩乐中，似乎在虚掷光阴。一样东西反复地玩，很可能什么东西也学不到。如何控制玩的消极影响？我们首先得要了解玩与学习、工作的差别。

玩的最大问题就是不一定产生让人看得到的实际价值。我们可以通过设计学习方案来发挥玩的积极性。

苏联著名教育家苏霍姆林斯基说："儿童的智慧在他的手指尖上。"培养孩子动手和动脑能力具有十分重要的意义，不仅能收获无限的乐趣，更为他们以后的人生打下坚实的基础。孩子从小除了要学会自己吃饭外，还要学会穿衣服、系鞋带、叠被子、洗衣服等。对孩子来说：凡好奇之物皆玩具，凡好奇之事皆游戏。

因此，生活当中的任何设施，都有可能成为孩子的玩具。有一次我去越南，买了一袋咖啡，其中配了一个咖啡过滤器，儿子本来不喝咖啡，但为了看看咖啡过滤器是怎样使用的，他主动学着泡了一杯咖啡。平时家里要是采购了新电器，儿子对安装和操作都非常有兴趣。这是玩的动机促使他主动去学习和了解。

生活当中的人和活动，也都可以成为孩子的游戏。1998年北大百年校庆，我带儿子去北京，在老师家里包饺子的时候，其他孩子都到楼下玩了，唯独儿子留下来跟着大人一起包饺子，他的兴致可高呢。

给孩子玩具玩，更多是出于安全的考虑，因为保证安全是玩具设计的要件。但我们忽略了培养孩子的安全意识和安全能力，反而让孩子的学习离现实生存意识和生存能力的培养越来越远。鉴于此，我建议尽可能少地给孩子买玩具，而是开发生活当中各种有意义的事情提供给孩子学习，这样玩的意义远大于单纯玩玩具。

女儿和其他孩子一样，对身边事物都充满了好奇心。这次，她对家里的汽车产生了兴趣。一开始只是仪表盘，我没有在意，结果她经常在导航中登录无数个地点，我要不停地删除；后来又对挂挡感兴趣，我依然没有制止，而是告诉她操纵杆如何操作，每次需要挂挡时，看着她操作，等得她好奇心消减。在我看来，如果我简单地制止，指不定她哪一天冷不丁地操作一下，让我措手不及，可能出现意外。在我有准备时让她操作，就不会有意外，即使哪天她没在我的监控下操作，也不至于发生致命性的错误。

1.7　和孩子一起玩

好好保护孩子的好奇心

儿子11岁时，小区管理处送来我们停车费的发票，儿子拿着发票就告诉我，这些发票是假的。能识别假发票没有什么了不得的，其技术含量并不高。但对孩子来说，他有识别发票真伪的意识，能因为好奇心而掌握了识别发票真伪的能力，这是最可贵的。

爱因斯坦说："一个人提出一个问题，比解决一个问题更重要。"德国现代物理学家海森堡也说："提出正确的问题，往往等于解决问题的大半。"

我们的孩子总是有提不完的问题，这跟他们的好奇心分不开。好奇心就像是一把开启创意思维的钥匙。如果我们能巧妙地挖条"引水渠"，让孩子的好奇心得到有效引导，那么他就会更加兴致勃勃地去探索这个丰富多彩的世界，然后拓展想象力，生发出很多让人意想不到的想法。

普里斯特对甲虫在瓶中窒息而死的现象感到好奇，经过30年的研究，终于研制出了氧气。瓦特对烧开水时壶盖的跳动感兴趣，驱使他探索而发明了蒸汽机。富兰克林发现当用毛皮磨擦玻璃棒后，玻璃棒可以吸引纸屑和头发，于是他发现了电。人们问到华裔物理学家杨振宁，为什么会对那些看不到实际意义的研究那么执着，他的回答是："兴趣。"

好奇心驱使人做很多事，这些事也许当时被大家认为"不务正业"。事实上，很多伟大的发现对当时的政治经济并没有直接产生重大的影响，但以现在的眼光来看待这些发现，足以称得上"伟大"。

我们可能都有过这样的体验，灵感常常在无意中产生。这些灵感想也想不出来，只会在出其不意的时候溜进大脑。法国数学家彭加勒针对这种现象说道："这些出其不意的灵感只是经过一些日子仿佛纯粹是无效的有意识的努力后才产生的。在做出这些努力的时候，你往往以为没有做出任何有益的事情，似乎觉得选择了完全错误的道路。其实正相反，这些努力并不像原来认为的那样是无益的，它们推动了无意识的机器。没有它们，机器不会开动，也不会产生出任何东西来。"

简言之，灵感为什么会找上你？你有好奇心呗！

我们从小就被教育要树立伟大理想，可实际上小小的孩子哪里懂得什么理想"伟大"什么理想"不伟大"。正如爱因斯坦所说："我没有特别的天赋，我只有强烈的好奇心。"伟大理想是外在的、后天赋予的，好奇心才是内在的、先天存在的。重视内心、珍视自己好奇心，智慧才会茁壮生长。

观察自然界的动物，一样可以印证这个道理。狼是世界上最好奇的动物之一，它们永远不会漠视周边环境，哪怕是遇到的一块骨头、一颗松果，它都会细心把玩，直到感觉琢磨透"道理"了才罢休。永葆好奇心，这是狼群能保持强大的生存能力的关键因素。

尽可能满足孩子的好奇心

如何保护孩子的好奇心？记住一个非常简单的准则：只要不涉及安全和道德问题，我们就应该让孩子充分享受自由行动的权利。

孩子发现勺子接触碗时有响声，于是就会不停地敲碗，这是好奇心的表现，我们没有必要制止，让他尽情地敲，直到不再好奇为止。比方说孩子的好奇心非得敲一百下才能满足，我们这次制止了，他还会有下一次，只不过好奇心得到满足的过程延长了而已。

儿子9岁时喜欢打地铺睡，这完全出于好奇，绝大多数孩子都会有。在超极少年训练营，有时几个孩子挤坐在我的两厢车中，那些坐惯了豪华轿车的孩子，会抢着坐两厢车的后尾厢。

超极少年训练营可能给孩子设定很多纪律，需要孩子严格遵守，但唯一能打破这些纪律的就是对孩子好奇心的满足。孩子经常会突发奇想去做一件事情，他只要能自己调整好学习计划，我都尽量允许。

2001年11月19日凌晨1点多到3点，有30年一遇的狮子座流星雨发生，7岁的儿子从新闻中得知消息，一定要看。尽管第二天要上学，孩子又有早上起不来床的习惯，我还是答应半夜叫他。但是第二天儿子兑现承诺准点起床去上学了。

有一次在公园散步，看到有位妈妈牵着孩子一路聊天。孩子对身边的花草树木表现出极大的兴趣来，妈妈就介绍了某一种植物的特点，孩子听完后特别兴奋，马上拉着妈妈说："那我们回头看看是不是这样吧！"妈妈说："算了吧，下次再看！"然后拉着极不情愿的孩子走了。

我一旁目睹，暗自遗憾。这位妈妈已经成功地激起了孩子的好奇心，却又轻而易举地掐断了它，孩子失去一次绝佳的学习机会。孩子想去深入了解一种事物，也许世界就此为他打开一道门。但现在，这道门却被如此轻易地关上了。

不过，我们也要注意到，有些好奇心可能会导致严重不良后果，要坚决制止。最常见的就是学口吃。不要让孩子去学口吃，一旦学会就是将来纠正了也会有后遗症，会打击孩子的自信心、影响孩子的表达能力。当孩子比较大的时候，可能会对吸毒、赌博之类有好奇，这绝对不能让孩子尝试。

曾经有个参加超级少年夏令营的6岁小男孩，在妈妈看来十分顽劣，不让他做啥，他偏要做啥。有一次，妈妈给我打电话，说他们小区有个30米长的斜坡，儿子非常喜欢在上面玩滑板车。由于路面不平，常常卡在缝隙里又摔倒，每次摔倒都会受伤。可让他不要在上面滑了，儿子嘴上答应了，但第二天又悄悄地在那里玩，不知道该怎么办。

我就跟这位妈妈说："我太喜欢这个孩子了。最好的办法不是禁止孩子，而是让孩子玩个够。"这样做一方面让孩子迅速提高技能，不至于再摔跤；另一方面让孩子摔个够，学会自己对自己负责。如果孩子不怕摔跤，这就表明孩子为达成目标不怕付出代价。如果妈妈不放心，就跟孩子一起玩，这样也可以把危险限制在可控范围之内。

妈妈说："那我不成了后妈了！"我说："我是亲爸才这么带孩子，后爸就不这么带了。"妈妈说："我现在明白为什么孩子会那么喜欢你，喜欢超级少年了。"

我们要做个不让孩子讨嫌的父母，就应该尽可能满足孩子做事的欲望，而不是人为地给孩子安排我们认为对的事情。

喜欢看热闹就看

我们周边经常会发生一些事情，比如邻里吵架、交通事故、言语争执、利益冲突，甚至打架斗殴等，很多人都有好奇心，想去看个究竟，孩子也不例外。

我们习惯性地认为孩子的时间就应该是用来学习的，小孩少管闲事为好。其实这些闲事里面所体现的处理冲突的能力，或者说是处理那些非预期事情的能力，是非常重要的。"看热闹"是一种非常重要的学习过程。当最后冲突获得解决，孩子从中能直接学到做事的方法；问题没有解决，或者解决得不理想，则可以引导孩子思考如何去更合理地解决问题。

有一段时间，小区附近准备建个医院，很多业主表示不支持，组织了各种抗议活动。于是我鼓动儿子去"看热闹"。当时市政府准备强制拆除业主们的抗议条幅，业主们为究竟是进行暴力抗议还是自己主动先把条幅拆下来产生分歧。在孩子看热闹的同时，我私底下也和孩子一起探讨这个问题。

有一句话很多人经常挂在嘴边："大人说话，小孩不要插嘴。"其实这句话要从两个方面来看：如果孩子插嘴的话是和大人说的话无关，就要教育孩子要等大人说完之后再插嘴，这是礼貌问题；但如果插的嘴是和大人说的话有关，我们还是要多鼓励孩子参与大人的讨论。

选择玩具和游戏是一门艺术

我们首先要了解玩具和游戏的种类和区别，根据孩子的年龄特征，选择合适的玩具。

第一，创造和比赛的区别。孩子在玩的过程中有两大动机：创造的动机和赢的动机。好的玩具或游戏应该兼顾两者。尽量避免那种只有标准答案或者仅靠运气的游戏，那只满足了赢的动机。比如，掷骰子飞行棋游戏，把军棋有字面翻在下面，然后混合好后翻棋的比赛，这些游戏没有智力开发成分。

第二，操纵和组装的区别。有些玩具主要是利用它的功能，比如拨浪鼓、电动车等，有些玩具是通过拆装过程达成目标的，比如七巧板、拼图、拼装玩具、插塑玩具等。为了培养孩子的创造力，最好能购买那些孩子可以安全拆装的玩具。事实上，孩子对操纵性玩具的兴趣很容易消退。

同样的玩具，孩子参与角度不同，教育意义也就不同。比如放风筝，我小的时候，所有的风筝都是孩子们自己找来竹签、绳子及纸张，根据自己喜好来制作。孩子寻找各种材料进行任意组合，创造一些自己想象的东西，可以培养动手能力和观察能力。比如，制作小车，可以让孩子了解小车内部的结构；种植一些花草，可以让孩子观察一下水与阳光对花草的作用。

第三，收敛和发散的区别。有些玩具有其相对固定的目标，比如拼图、遥控车；有些没有固定目标，比如插塑玩具。后者可以通过孩子自己的设想和创造组成自己喜爱的各种形状，有利于培养孩子的想象力。相比之下，拼图所学到的东西少一些。但是在实现拼图的方法上，孩子可以摸索最快捷的方法，所以拼图可能更适合于年龄比较小的孩子。

第四，简单和复杂的区别。一般来说，玩具越简单越能体现想象力的运用，比如简单的木制或塑料制小方块，可以让孩子任意组合搭建多种模型。相比之下，同样是拆装玩具，如果部件已经有了具体的形状，给孩子的发挥空间就有限。有两款简单的玩具值得一提：一是围棋。围棋是棋类中形式最简单，但最富有想象力和创造力的玩具。二是球类。人类最着迷的游戏莫过于球类。对孩子来说，球、沙子和水是永远玩不腻的玩具，我们真没有必要买太多玩具，有这三个玩具，对孩子来说已经足够。

电子游戏形式复杂，但缺乏开放性的选择，更多地满足孩子赢的动机。尤其是电视、手机等电子产品的不断更新换代，孩子们在业余时间大多是和机器玩、和不会说话的玩具动物玩，甚至幼儿也加入"屏幕宝宝"的行列，那大大小小的屏幕成为他们感知世界的窗口，而由此引发的不良影响也在不断凸显：视力下降、缺乏观察力和思考力、学习被动、学习困难、社交障碍……孩子上了学后，要逐渐减少孩子玩电子游戏的时间，多给孩子玩传统玩具的机会。对孩子来说，本来应该更喜欢益智的游戏，只是我们没有给孩子机会，才让孩子越来越迷恋电脑游戏。

第五，运动和智力的区别。从智力开发角度，大多数人会以为应该以智力开发的玩具为主，其实不然。智力开发是以感觉统合协调能力为基础的，而运动型玩具更有利于感统协调的培养，对于低龄的孩子我建议更多使用运动型玩具。低龄孩子的智力正在成长开发时期，相对复杂的智力玩具也玩不了。

　　我们在给孩子选择玩具时，不要只是带着快乐的目的，更重要的是让孩子在玩的过程中提高想象力和创造力，在动手过程中提高注意力。不过，我们也要注意到，玩具太多不利于培养孩子的耐性，容易导致孩子做事浮躁，注意力不集中。为此，不要让孩子轻易得到玩具。

在社会实践中去感受玩的乐趣

　　孩子对现实生活当中知识的学习热情是远大于学校教授知识的学习的，我们除了可以让孩子参与家庭事务之外，还可以让他们参与社会事务。在国外的中小学里，经常会有模拟社会的活动，比如搞所谓的"职业日"。孩子将大部分时间用在学校课本的学习，很难锻炼和提升实际生存能力。作为家长要尽可能地创造条件来改变这种状况，让孩子多接触社会。

　　在超极少年成长训练夏令营，我们会设计很多社会实践的活动。比如，我们在北京大学做动物实验，就是那些特别不爱学习的孩子，也会聚精会神地观看实验过程。多让孩子参与社会活动，特别是集体活动，对增长孩子们见识和才干是非常有益的。在与同龄人交往和活动中，孩子们既有情感沟通，也有相互竞争的利益争夺，还要处理各种比学校课程更为复杂的事情，这对他们今后求职、择业、选择配偶和成才有着重要的帮助。不要因为一些小事、生小病等就让孩子缺席一些集体活动，更不要因为学校学习繁重而放弃宝贵的社会学习机会。如果孩子害怕参加这些活动，说明他不善于处理各种矛盾，那就更应该鼓励孩子多参加，熟能生巧。

1.8　西方智力开发的成功经验

培养创造力

　　现在留学成风，很多父母甚至宁愿自己咬紧牙关也要把孩子送到国外去读书。家长这样跟风也许有一定的盲目性，但至少说明了，很多发达国家在教育方面确实做得很好。

　　美国著名的小说家海明威的父亲认为，事事规定孩子的行为会窒息孩子的才能。在海明威4岁的时候，父亲就对他说："孩子，别老跟着我，自己玩去吧！"说着，就给他一根鱼竿，鼓励他说："你能行，自己去吧。"后来，老海明威又给他一支猎枪，小海明威很快又迷上了打猎和探险。

　　美国科学家保罗·伯格曾说："进入大学后，老师鼓励我们提出在他们的知识与经验之外的问题，思考那些我们找不到答案的事情。开始是重复已做过的实验，随后就要求我们设计新的实验方法解决我们自己提出的难题。这是极富挑战性的。在任何时候，创新性的思维都是最宝贵的。也许正是这些早期的经历，激发了我探索未知世界并找出答案的欲望。"

　　也许家长们可以从这些发达国家的家庭教育方式中汲取一些有益的东西。

　　美国："给孩子制定一个家务劳动计划。"美国父母教孩子做家务，每周一次贴出要干的家务劳动内容。将某一特定任务指定某一孩子去干，确定完成任务的期限；轮流干某些活儿，让每个孩子都有机会去做没有兴趣或最容易干的工作；检查孩子的完成情况，使孩子因自己的劳动而产生一种完成任务的成就感。当然，在国内，现在每个家庭只有一个小孩，但也要让独生子干一些力所能及的活，不是做父母的偷懒，重在培养下一代"劳动光荣"的思想。现在国内城市的一些小孩是在网吧长大，动不动说别人"农民""垃圾"，而那双手除了会高强度、长时间地点鼠标和敲键盘外，什么也不会做也没机会去做。

　　德国："让孩子与大人争辩。"德国人认为"两代之间的争辩，对于下一代来说，是走向成人之路的重要一步"。因此，他们鼓励孩子就某件事与父母争辩，自由发表自己的意见。争辩使孩子觉得父母讲正义、讲道理，他会打心眼里更加爱你、依赖你、尊重你。你要孩子做的事，他通过争辩弄明白了，会心悦诚服地去做。你有难题，孩子参与争辩，也能启发你。现在，大多数家长能把子女当作朋友，父母的绝对权威相对缩小了。当我让女儿做什么（有意识地让她做点小事，如关门、倒茶）时，会蹲下来细声细语地说。她做到了，就教她在我对她说"谢谢"时，要说"不用谢"。有时她会说"这是爸爸做的事"而不愿做，我就会试着说服她去做。

英国："给孩子失败的机会。"孩子做某件事失败了，英国人不是索性不让孩子去做或家长干脆包办了，而是再提供一次机会。比如孩子洗碗将衣服浸湿了，就指导孩子再来一次，教会他避免浸湿衣服的方法。而国内的家长从孩子小时就不让孩子处理自己的事务，只让孩子读书读书再读书，如此培养了一些死读书的机器，也为我们的社会制造了"大学生不懂如何洗衣，竟主动申请退学"以及"大学生将衣服寄回家让父母清洗"诸如此类的新闻。

加拿大："让孩子学会玩。"孩子们很少有家庭作业，没有父母关于学习的喋喋不休，他们注重的是让孩子能整天轻轻松松，做游戏、玩玩具，在玩中学到书本上学不到的知识。这一点和国内家庭教育格格不入，我们的应试教育体制令很多家长做不到不关心孩子成绩。

改变是一种快乐

作为人类最伟大的科学家之一的爱因斯坦，他提出了狭义相对论。然而，这一成就的基础实验早在他得出结论之前已经存在多年，只是人们没有意识到其中的非凡意义。爱因斯坦的成功就在于突破人们传统的思维模式。美国沃尔玛公司创始人萨姆·沃尔顿说："不要理睬世袭的聪明，当大家在按同一固定模式行事时，你不妨独辟蹊径，按另一种不同模式去做，这样很可能取得成功。"这些人成功的内在动力其实就是：渴望看到从没有看到过的事情，喜欢做从来没有做过的事情。这就是前面提到的好奇心。好奇心是孩子与生俱来的能力，它具有以下特征：

● 思维方向的多向性、求异性：人们对那些习以为常的情况产生不安，并为对理所当然的认识提出疑问而感到兴奋。

在超极少年夏令营，为了能让孩子有更多的交流，我们会安排一张床睡两个孩子，这样每间房就可以住更多的孩子。孩子们为了能睡得宽敞一点，有些就会打地铺,孩子们总是会抢着要睡地上。在短途活动中,如果我用私家车想多拉几个孩子时,孩子们会抢着要到后尾厢。妈妈让孩子切菜,孩子却拿把剪刀剪菜。这一系列事情都说明孩子们对"新奇"的渴望。如果我们为此不安而制止,就意味着在扼杀孩子的好奇心。

● 思维进程的突发性、跨越性:人们在创造性的劳动中,往往会在时间、空间上产生突破和顿悟,一些长期追求、苦苦探索、迷惑不解的问题,经常会在某种契机的作用下,豁然开朗。

儿子有一次上自习课跑到教室外去玩,被老师发现了,要求写检查,并要家长签字。他担心被我训斥,灵机一动,跟我说老师要他们写有关"保证"的作文,需要我签个字,我发现他写得太少,又到了睡觉的时间,就写了几句,希望老师督促一下他的作文,他把我签名之外的文字裁掉,然后和"保证"拼接在一起,由于制作粗糙,被老师识破。孩子撒谎固然不对,需要教育,但是他在这件小事中体现出来的创造力却是很有意义的,如果一味指责,那就是在埋没孩子的创造力。

● 思维喜好的多变性、否定性。

在错误中学习,或者说在体验中学习,是更有记忆的学习。爱因斯坦说过:"一个从来没有犯错的人是一个从来没有尝试过新事物的人。"我曾经遇到过这样一位妈妈,她很担心孩子闯祸,因为孩子对什么都好奇:奇怪开水为什么能冒热气,奇怪刀为什么可以切开肉……妈妈担心他因探究这些东西而伤害了自己。我对这位妈妈说,如果孩子被小刀划了个口子,那他就知道刀是锋利的,以后就会掌握刀的使用方法;如果害怕开水烫着孩子,你就要让孩子在还没有发生危险的时候先尝试一下热水的温度和感觉,下次他就知道了,当然,前提是不要有大的伤害。后来这个妈妈倒了盆70℃的水,让孩子用手试一下,孩子马上就明白了,原来开水是危险的东西。

获得方法比获得知识更重要

我在北京大学上本科期间，有机会看到很多国外原版的教科书，这给长期接受灌输式教育的我造成了极大的思想冲击，尤其是美国伯克利大学的物理教程给我印象最为深刻，让我知道了不一样的教育文化。

国外的教科书单从传播知识的角度或者考试的角度，和国内的教科书并没有实质区别，甚至国内的教科书内容更广泛，更有深度。但这套教科书与国内教科书的根本区别在于，它用了很多笔墨讲述科学发展史，用简要的语言描述了科学定律的推导过程，尤其是如何推翻前人的结论的。这一区别非同小可，它表明，科学并不神秘而高深，只要我们有志研究，一样可以大有作为。科学和神学有根本区别，科学讲究依据。也正是由于科学依据的不确定性，科学的结论是可变的。

国内的教科书基本上不讲科学知识产生的过程，即使提到科学史也只是时间表式的科学史，这种教育潜移默化地告诉学生，科学的定律只可以接受，而不能怀疑。科学和神学变得没有本质区别了。

这种教育也渗透到家庭教育之中。西方的家长很少用"你还小，懂什么？""你照我说的去做"这样的态度对待孩子的学习。亚瑟·叔本华说："只有在完全属于自己的基本思想中才会有真理和生命，因为，只有那样才会对事物有真正且完全了解。学习别人的思想，好像捡取别人的残羹剩菜，好像穿上陌生人丢弃的衣服。在我看来，冷静下来思考一天，比累死累活干十天更有效。"

多样性、开放性和综合性

爱因斯坦说："伟大的思想常常遭遇庸人的激烈反对。"在培养孩子创造性思维的时候，需要让孩子习惯与众不同。是否能够培养出孩子这种性格和我们的教育理念有直接关系。

在西方，学校上午可能在讲达尔文进化论，人是从古猿进化来的；下午可能会讲基督教，人又是上帝创造的。这种多样化教育会激发孩子的开放性思考，在各种知识的冲突中提高孩子的综合素质。儿子出国之后，我在跟他的交流中，深刻体会到了中西方两种不同教育文化的差异。

一是教育的内容不同。西方的教育内容是多样性的，学生可以有多种选择，不存在政府规定的、必须统一的教学内容。国外高中所学的课程是可以选择的，即使选了数学，数学中的各个部分也是可以选择的。

二是考核的标准不同。西方是开放性的，老师布置的作业本身就没有标准答案，不同的答案没有对与错之别。比如老师布置的作业可能是：要为一家寿司店制作招聘工人的广告；也可能是：我们要选择哪一只股票。

三是培养的能力不同。西方注重培养综合性能力，为了获得答案，学生不仅要搜集信息，还要甄别信息。国外学校很多作业不是一个人完成的。比如，儿子的商务课中就有这样的作业，要求几个学生组成一个小组，分别扮演老板和员工，话题是在经济危机下，老板想炒掉一个员工。每个人都要表达自己的观点。

我国传统教育在多样性、开放性和综合性上是有很大欠缺的，大家潜意识里会排斥人与人之间的差异性，孩子往往因为和别人存在差异而受到嘲笑，这就会使孩子产生从众心理；我们总是告诉孩子对和错，内容也只局限于和考试有关的，是非标准是我们给定的，这就导致学生死记硬背现成的知识，或者去猜想老师所谓的正确答案，孩子们的聪明才智受到压制，导致他们独立思考能力退化。

"像不像"与"好不好"的区别

爱因斯坦指出："要是没有独立思考和独立的有创造能力的个人，社会的向上发展就不可想象。"然而，教育进展国际评估组织对全世界21个主要国家进行调查，结果显示，中国孩子的计算能力是最强的，但创造能力则排名倒数第五。中小学生中，认为自己有好奇心和想象力的只占4.7%，而希望培养想象力和创造力的父母也仅有14.9%。这种结果源于对智力开发的理解。

　　我们的传统教育存在的问题一直被忽略，就是因为我们习惯于用自己认为的优秀标准去跟人家比较。但孩子走出校门后，并不能依靠简单的基本的课本知识就能生存下去。相比较而言，西方教育给孩子充足的课程选择，一方面符合社会多元化的需要，另一方面也可以适应孩子兴趣点的不同。在西方，老师常常只是给出一个题目，或者指定一个大致的研究方向，剩下的事就由学生自己去发挥了。当老师提出，你会选择购买哪些股票时，学生不得不独立搜集资料、研究问题，然后得出结论，再由老师来打分。这些题目的难度不是我们国内一道高难度几何题能比的。

　　中国孩子画完画后会问"画得像不像"，而西方孩子画好一幅画问的是"好不好"。"像不像"体现了与标准答案的一致性程度，培养的是服从能力，体现了人与人之间的不平等关系；而"好不好"则体现了孩子的创造是否能让别人满意，培养的是服务能力，体现的是人与人之间的平等关系。科学和民主是社会发展的两大车轮，没有民主不会有科学，真正的智力开发是要培养孩子成为能够掌握自己命运的人，而不是被别人掌握的人。

　　西方教育方式在智力开发上给我们的启发是：真理和权力是相互独立的，不是拥有了权力的人就拥有了真理，这就是所谓的"真理面前人人平等"。让这句话再接一点地气，就是当我们和孩子发生冲突时，我们未必正确，孩子未必错误，唯有如此才会让孩子更加聪明。不愿意反省和改变的家长，将来孩子要为此付出代价。

第二章

你有啥想法？

智力开发的基本手段之二：接纳孩子的不同，而不是强迫孩子认同。有智慧最终会体现为判断能力强，而提高孩子的判断能力是成功智力开发的标志。

2.1　面对听话的孩子

成功源于犯"法"

众多研究证明，智商与成功没有必然关系。美国前总统小布什的智商低于平均水平，曾被看作"放浪不羁的贵族子弟"。他酗酒、酷爱名车，甚至吸毒。可他在"犯错"的同时，还有很多与众不同的表现。他在不断的尝试中，有了判断是非的能力；他把更多的时间花在交友、踢球上，有了甚佳的人缘。

讲到这里，被孩子的不听话折腾得发狂的家长们该热血澎湃了，我们面对的可能不是麻烦，而是更聪明、更有出息的孩子！

智力开发的首要任务就是如何应对孩子不听话，甚至培养孩子不听话！

先来看一条沉痛新闻：2014年4月16日，韩国发生游轮沉船事件。当时游艇上共有462名乘客，其中174人当场获救，4人遇难，284人失踪，失踪者后来被证实全部遇难。事件中有个事实令人深思：获救的孩子大多是平时调皮的孩子，而遵从船长和老师的要求待在船舱，没有及时自救的孩子全部遇难。

因为不听话，反而救回了宝贵的性命，如果这一孤立事件还不足以使你认识到"不听话"所蕴含的意义，我们可以看看其他同类事例：

达尔文提出生物进化理论，推翻了"上帝创造了人"的"金科玉律"；

布鲁诺坚持"日心说"，宁可触犯"地心说"的"法"而被活活烧死；

爱因斯坦冲破了牛顿定律的局限性，创立了"相对论"；

福特改变了旧有的生产模式，建立起曾经是世界上最大的汽车生产企业；

李四光突破了西方的地质学理论，才在中国找到了大油田；

邓小平批判了"两个凡是"，开创了改革开放的新局面；

……

他们都是因为犯了"法"而成为伟人。

如何面对"不听话"的孩子

爱因斯坦曾说："想别人不敢想的，你已经成功了一半。做别人不敢做的，你就会成功另一半。"这么看来，敢想敢做是成功人士的典型特征。可犯罪分子也是"敢想敢做"的。当我们不去考虑做事的后果而只考虑性格特征时会发现，成功者和罪犯具有的素质竟然有很多相通之处：

第一，两者都对现有的某些规则采取不认可的态度，都以打破常规作为生活和工作的目标；

第二，两者都敢于冒险，为实现目标而具有强烈的牺牲精神；

第三，成功者和相当多罪犯注重团队合作，愿意通过集体的力量来达成目标。

但是，成功者的犯"法"和罪犯的犯法又有着本质的不同：

第一，目的不同。精英犯"法"更多是为了团队和长远利益，而罪犯犯法更多是为了个体和眼前利益。

第二，后果不同。罪犯的犯法是所谓知法犯法，是抱着侥幸心理希望能躲过制裁。而成功者的犯"法"除了能为社会、团队和长远利益获得正向的帮助外，还有两种情况：一是他有把握避开犯"法"所带来的不良后果；二是他做法律没有规定的，但又可能违背法律精神的事情。这两种情况虽然存在消极面，但也有着积极意义。那就是可以促使法律更加完善，减少漏洞可钻。

可以说，成功者和犯罪只存在着一念之差。成功者成为罪犯的机会要远大于普通人。是当成功者还是当罪犯，这和社会大环境有很大关系。安徽小岗村农民冒天下之大不韪，包产到户，这件事发生在1976年之后，他们成了英雄。而发生在1976年之前，做了同样事情的福建莆田农民则成了"狗熊"，被投入监狱，即使后来出狱，也没有获得像小岗村农民的英雄待遇。这就意味着，成功还有机遇的问题。当然，能够审时度势也是区分成功者犯"法"和罪犯犯法的重要依据。

上面的案例告诉我们，面对不听话的孩子，不是强迫他接受我们认为正确的道理，而是坚定地进行体验教育，精心设计守"法"的好处和违"法"的坏处。要让孩子在犯"法"和守"法"之间不断自由地选择，让孩子充分感受到不同行为的不同后果。体验到不同的后果，孩子的选择判断能力最终也会跟着提高。

2.2　智力开发误区之二：滥用权威

孩子真的错了吗？

为什么有些孩子有打破规则的意识和能力，有些孩子却不具备呢？这把神奇的钥匙其实把握在我们手里。家长能够接纳孩子的不同，就意味着他们已经打破了自己头脑中某些固有的东西，不再把自己当成真理的化身。

成功的人总是善于聆听和学习别人的长处，他们能发现别人比自己强的方面，当出现问题时不推脱，而是寻找自身的原因，并且不断总结自己。这就是所谓"成功者找方法，失败者找理由"的性格特点。

我们总会认为孩子的行为是错误的。这一方面是因为他们年幼，在能力或认识上不足易犯错误；而另一方面是因为孩子们关于"对错"的标准和我们不同。但是这两方面我们很难区分开来，"横竖都是你的错"，孩子就难免成了受气包。

说到这里，其实我们已经找到了"钥匙"：正确面对孩子的"错误"。

在成人看来，孩子常常把事情搞得一团糟，但他们依然怀着极大的热情兴致勃勃继续做，并且通过自己的努力，提高认识，增强能力。可是，随着年龄的增长，孩子们渐渐不再碰触那些可能会"失败"的事物，转而选择那些自己可以把控的、简单而缺乏挑战的事物。导致这种结果的恰恰是我们不合理的教育方式。

当孩子们做错事时，下面的这两种做法是不是您经常选用的？这样的方式都是在向孩子传递"犯错是不能被接受"的信息。

● 极力去指责孩子。当孩子犯错误时，很多父母会抑制不住当场就将不满的情绪发泄出来，甚至是当着很多陌生人的面指责孩子，然后再拿东家孩子西家娃做榜样，让孩子学习。表面看似乎是在为孩子的成长负责，其实只是在发泄自己的情绪，甚至隐含了一种"孩子犯错不是家长责任，而是他天性有问题"的意味，这让孩子尤其受打击。

● 极力为孩子开脱。当孩子和陌生人交往时感到恐惧，我们就告诉别人，孩子从小性格内向；当孩子做错了事情，就对别人说，他太小还不懂事；当预感到孩子可能要做错事情时，我们也往往会帮助孩子，以免让他受到惩罚……父母都希望为孩子铺设一条平坦的大道，哪怕有个小石子，父母也会告诉孩子："没关系，有爸妈呢！"然后将小石子一脚踢开。可孩子的路还很长，并不是遇到沟沟坎坎时父母都有机会喊暂停然后扫清障碍的。一手难遮天，如果有一天，我们已经跟不上孩子的速度，无力为其"扫雷"时，那么所有的小坎坷在孩子眼中都将是巨大的困难。

在这两种不恰当的方式下，孩子们非但没有机会强化自己的弱项，反而会变得更弱。

我们先学会认错

羞于认错，大概是我们这个民族所有家长的特点。有时候我会跟一些人有争执，我发现了一个十分有趣的现象：当我展示出充分的证据证明对方是错了的时候，对方竟不惜否认事实，也不认错，比如他会说我的资料未必可靠，或者对我提供的资料提出新的理解，或者拿出似是而非的反证。

不知从什么时候开始，认错这事在我们成人当中越来越难了。我尝试过设置家长讨论群，由于经常会把家长的一些做法拿出来分析和批评，很多家长就此潜水干脆不说话。家长不愿意发言的最大心理障碍是觉得自己挨批丢面子。但凡有这种心态的家长往往喜欢对孩子说教，并缺乏跟孩子良好的沟通。这样的家长带出来的孩子，要么好顶嘴，要么沉默内向，正所谓有样学样。

　　为什么认个错对我们来说这么难呢？因为在我们心中已经形成这样的观念：认错是有风险的，认错就等于自己摔了自己的权威。而权威丧失，就意味着利益被剥夺，所以这是万万不可以的。也就是说，我们不期望孩子犯错，表面上是为了让孩子更快地掌握真理，但实质上却是不期望孩子跟自己有不一样的想法。

　　当我们怀着这样的心态去教育孩子的时候，孩子当然不会顺从我们，或者即使暂时顺从，但到了自我意识觉醒的时候，也不会继续顺从下去。也许那时候的他已经学会了父母们"把自己当成真理的化身"这一套，那时候亲子关系矛盾只会更加严重。

2.3　彼此不服该咋办

想象力不见了

　　曾经有个调查称，在21个受调查国家中，中国孩子的计算能力排名第一，想象力排名倒数第一，创造力排名倒数第五。虽然这个调查的权威性在当时引起过一些争议，但这个调查结果还是让许多人愕然，也足以引起人们对孩子想象力缺乏现象的关注。孩子的想象心理在2岁左右开始萌芽，可是在现实生活中，孩子的想象力经常遭到残酷的扼杀。

　　想象力是创造力的源泉，孩子天生就具有丰富的想象力，孩子可以把简单的玩具演绎出不同的玩法就是例证。孩子的想象力不仅给自己带来欢乐，也给我们带来惊喜，我们应该珍视孩子的这种能力。有国外的报道称，有个幼儿的家长状告幼儿园，因为这家幼儿园过早给孩子传授知识，导致了孩子想象力下降。以前孩子画个圈，问孩子是什么，他可以回答是太阳、皮球、饼……而现在的回答只有一个：字母"O"。

　　孩子从什么时候开始变得缺乏想象力呢？

当我们不允许孩子有不同声音的时候；当孩子所有的行为都要按照大人的要求去做的时候；当我们以孩子不懂事为由，习惯于对孩子说"不"的时候；当孩子喜欢玩水、玩土，可我们却硬要说不卫生而加以制止的时候；当孩子爱动、爱在外面闲逛，可我们担心孩子身体吃不消而制止的时候；当孩子喜欢结交朋友，可我们怕耽误了孩子的学习，谢绝邻家的孩子来玩的时候……

孩子所有的行为都被我们控制着，渐渐地他们不再会提出自己的想法和要求，也听不进去我们对他提要求，孩子的翅膀就此折断了。

智力开发的核心手段就是放手

从超极少年成长训练营走出去的孩子，大多表现常常令人吃惊，他们聪明、阳光、积极，还有着"操不完的心"。在集体活动中，其他孩子的家长会对这些孩子羡慕不已，免不了会对自己的孩子唠叨："你看人家，好好向人家学习一下！"

其实，最该学习的不是孩子，而是我们家长。

有些家长也会尝试着放手，但那些长期习惯于被照顾的孩子，一旦家长放了手，要么会显得笨手笨脚没了小时候好动的欲望，要么就像长期关在笼子里的野生动物被释放后肆无忌惮。这让我们更加不敢放手。

也许我们会说："如果我的孩子也那么聪明，我也会像其他的父母一样放手。"其实我们只看到了结果，却颠倒了其中的因果关系！要知道，所有优秀的孩子，都有过笨手笨脚的时候，只不过他们的父母更早地接纳了他们的笨手笨脚，才让他们变得更加聪明。如果我们因为孩子的笨手笨脚而不肯放手，只会让孩子距离聪明越来越远。

在孩子成长的道路上，父母只能陪着孩子走很短的一段路程，代替不了孩子成长。家长要做的是"鼓励"而不是"代替"。爱孩子就要学会放手，让雏鹰自由展翅飞翔！

在体验中形成是非观

世上最困难的就是把一件你很拿手的事交给孩子，再眼睁睁看着他把事情搞砸，而你却还能心平气和不发一言——这是培养孩子；世界上最容易的就是把一件你很拿手的事交给孩子，再手把手地教他把事情做对，不给他犯错机会——这不是培养孩子，而是锻炼你自己。

好的教育应该注重效果。有时候即使我们的说教都对，都不如切身体验来得印象更深。我们的教育应该研究怎样将每个孩子的天赋和特点之门打开，这对于全世界的父母来说都是个难题。但是我们非常容易地就关闭了这扇大门，那就是强迫孩子们去做、去学自己不愿意学、不愿意做的事情，并且剥夺他们的自由。当我们剥夺了孩子通过体验直接认识世界的权利的时候，我们自己变得越来越懒惰，对一些约定俗成但明显错误的事情失去反省的能力。

比如，当大学生找工作比农民工还难，工资甚至比农民工还低的时候，我们有没有想过：孩子这么多年在学校学习的东西其实是非常缺乏实际价值的。缺乏反省使得我们习惯用强迫的方式来逼着孩子学习。

当强迫成为教育的主流手段，像教育孩子要自己吃饭、自己穿衣这类简单的道理也要用强迫的方式让他们接受时，我们的智力开发变得令人痛苦不堪！

孩子刚出生时就如同一张白纸，他们的是非观是在成长过程中慢慢培养起来的。有些家长就会抓住这一点强调："对啊，孩子那么小哪有什么是非判断能力，灌输是一种必不可少的方法！"大家普遍认为，让孩子接受足够多是非观念，孩子才能有是非判断能力。

这其实是一种本末倒置的做法。比如一个小朋友，当他跟一群孩子玩时，难免会有一些冲突。很多家长在孩子跟别的小朋友刚起冲突时就一把拉过孩子，阻止孩子跟别人打架，回家路上再灌输一堆不能打架之类的道理。有用吗？我想是收效甚微的。莫不如让孩子自己去体验处理这些冲突。孩子被打了，他就知道怎么收敛锋芒；孩子打了别人，其他小伙伴都会不愿意跟他玩，他也会懂得反省。

和培养其他能力一样，培养是非判断能力要靠不断地进行判断选择，不断地充分体验结果，才会提高是非判断能力。如果从小没有给孩子大量判断选择的机会，如何提高他们的是非判断能力？

从孩子的角度思考

孩子是价值的观察者，是非观在一定程度上影响着价值观。现在的父母和孩子之间的矛盾其实体现了价值观的不一致。

我遇到过这样一位妈妈，面对孩子的学习成绩一直无法提高的现状，她很苦恼。

我问：孩子成绩没提高你怎么做的？

妈妈说：只能逼着他学啊！

我问：那有提高吗？

妈妈摇头。

我指出问题：既然孩子成绩一直没提高，你还是用同样的办法，这不是有问题吗？

我建议这位妈妈，要根据孩子的实际能力，选择符合孩子特长的课程。孩子人际关系不错，将来可以选择更多运用人际关系的职业。这位妈妈是做技术出身，看不惯营销人员的作派，不希望孩子从事这一职业。但是在我看来，搞营销是不错的选择，不仅收入高，门槛也低，早点从小培养，步入社会后完全不用担心他的生存能力。妈妈表示不能接受。

这其实就是价值观不同的矛盾。这位妈妈是把自己的意志强加给孩子，而不是出于实际去考虑孩子的想法，更没有考虑孩子未来如何能够更加适应社会、生活得更好。爱孩子就应该让孩子有机会充分发挥聪明才智，而不是实现妈妈的梦想。

将自己的意志强加给孩子，只会让孩子离我们越来越远。到我们"超极少年"的孩子，有相当一部分胆小，他们会对任何不确定的东西产生恐惧心理。通过观察我发现，这些孩子的父母恰恰是特别强势的。

　　我曾看到这样一个笑话。妈妈要带孩子逛超市，孩子说："我不喜欢超市，超市里都是屁股。"在妈妈眼里，超市里是琳琅满目的商品，而孩子个子矮，只能看到顾客的"屁股"。正因为角度不同，我们与孩子之间才容易产生分歧。

　　教育孩子时，不妨俯下身来，站在孩子的角度考虑问题，别把大人的意志强加给孩子。孩子说得有道理的时候，家长要认真接受。只有这样，大人与孩子之间的关系才会和谐，我们和孩子之间才能建立一个共同的价值观。在这个共同的价值标准下，该自由的给予充分的自由，该约束的给予必要的约束。而这个价值观最核心的就是：孩子将来走入社会，应有必要的生存能力，并能够自己对自己负责。

让孩子的创造性思维落地

　　我们超极少年成长训练营经常会设置一些激发孩子创造性思维的项目，在一些活动如"玩沙"中，有些孩子能创新出"抗洪大堤""防洪坝"等保护自己的家园；孩子们还会拿几个盒子做废物箱，装上开关，做成"自动清扫机"，帮助大人打扫卫生时减轻劳动强度。这些创新设想属于孩子们偶发的创新火花。

　　灵感是创新火花的闪现，孩子们身上闪现的瞬间创新火花会被不当教育方式无情地扑灭。创造性的设想是一个从诱发到不断深化、不断完善的过程，有些设想在开始提出时往往杂乱无章、自相矛盾，似乎没有什么科学根据和实际用途，但却蕴藏着极好的创意。如果父母不懂得这个道理而过早地评价甚至否定，就会给孩子的思考设置心理障碍，有可能会使创意在萌芽阶段就被扼杀掉。

　　所以，当孩子提出一些荒诞不经的想法时，不要急于去评价，而是让孩子充分思考。比如，未来的社会，人口不断膨胀，已经没有足够的土地，该怎么办？孩子会想象未来的房子将建造在空中。这种想象在构思上不乏巧妙，比如我们现在的楼房越建越高，其实也是在利用空间。但孩子对于如何实现这个想法没有具体方法，这个时候我们可以引导孩子，让他们了解重力的概念，了解什么东西有可能悬浮在空中。这样的方式能很好地提高孩子的综合能力。如果我们一开始就斥责孩子，孩子以后可能什么想法都没有了，只会揣摩老师和我们的意思。

对孩子们过于发散的思维我们要懂得让它们"落地"。我们可以根据一些真实的情况或者设计一些具有一定逻辑的思考，让孩子根据事物发展的各种结果及涵义来判断各种可能性。

比如，我们可以问孩子："一个挑担的壮汉和一位小朋友，面对面地走到了独木桥的中间，这座桥一次只能容纳一个人通过，应该如何让两个人都通过？"孩子可能很快想到让一个人先退回去。这时候我们就可以进一步提问："如果已经没有办法让任何一个人退回，应该怎样让两人都通过呢？"孩子们会根据实际情景，努力想象各种可能。比如，让小孩坐进壮汉的提筐里，壮汉再挑担转身。

将孩子置身现实当中去解决问题，是培养想象力和创造力的最好途径，只有让孩子们的创造性思维"落地"了，孩子的能力才会真正得到提高。

2.4　装傻第二招："我错了！"

克服"一根筋"

有这么个故事，讲的是一位年轻的普鲁士炮兵军官上任后到自己下属部队视察，发现一个普遍存在的现象：总有一个士兵站在大炮的炮筒下。军官不知道士兵在干什么。经过询问才知道，这是操练条例规定的。可这位军官还是不明白，站那是干啥呀？经过多方打听，他终于了解：这个条例还是马拉大炮时代留下来的规定，当时站在炮筒下的士兵要拉住马的缰绳，防止大炮发射后，马因后坐力后移，减少再次瞄准的时间。可现在大炮不再需要这一角色了，条例没有及时调整，结果出现了不拉马的士兵。

这样的事在我们生活当中还真不少见呢。我提倡用物质奖罚来管理孩子时，马上就有家长站出来反对了："那不是培养了孩子的功利思想吗？！"我想问一下我们的家长：你平时给孩子钱吗？如果你会给的话，都是用什么方式？压岁钱、零花钱都和孩子努力没有关系，不劳而获可以，勤劳致富不行，不是很荒谬吗？

像这类思维方式就属于"一根筋"：做任何事情都不会转弯，认准了死理，不管不顾地按照自己预先设计好的轨道行动，喜欢往牛角尖里钻，就算前方是死胡同，也闭着眼睛往前冲。

有位家长跟我说，她的孩子特别逆反，还喜欢顶嘴。我就请她举个例子。她告诉我："昨天晚上，他拿着两盒牛奶当汽车，玩起了撞车游戏，牛奶盒子都撞得变了形。我告诉他牛奶不是玩具，他就是不听。"

我反问她："为什么放在玩具橱窗中的东西才是玩具，而一盒牛奶就不能是玩具呢？"

如果说孩子玩牛奶是浪费，可两盒牛奶也不过5元多，而在我们眼里的所谓玩具，动不动几十元、上百元，这些玩具可能孩子也就玩一个下午就再也不玩了，这难道不是浪费吗？我们期望孩子更聪明，就要克服孩子的"一根筋"；要想克服孩子的"一根筋"，首先要克服自己的"一根筋"。

因为群居生活，人类创造了大量的规则。但规则具有一定的时代背景，过了特定的时空，有些甚至已经变得完全没有什么道理，可人们依然会盲目遵守，这些都会严重影响孩子的智力开发。

孩子的"错"其实是我们的错

如果我们的思想已经在发生转变，那请用新的眼光去看待孩子们的"错"。当孩子犯"错误"时，可能恰恰是我们错在先，才导致了孩子犯"错"。

在做人问题上，我们首先假设孩子是不懂事的，我们代表着掌握真理的一方，于是灌输就成为教育的主流方法。可现实当中，孩子的种种表现不过是对环境的适应。比方说如果您的小孩做事拖拖拉拉，那您想想是不是孩子做得快做得慢得到的待遇是一样的？这就跟当年吃"大锅饭"是一样的道理，所有人干好干坏一个样，成年人的偷懒一点也不会逊色于孩子。所以当孩子做人做事出现问题时，孩子本身并没有什么错，而是我们给孩子营造的环境有问题。

在做事问题上，如果孩子做不好我们安排的事情，我们便会觉得我们对孩子的智力开发失败了，可实际上，产生非预期结果会更加激发孩子的思考。比如，我在儿子还不会购物的时候就给他钱，让他自己琢磨应该怎么买东西，而不是去干预孩子的选择，即使有啥损失也就当交了学费。有一次儿子为了了解榨汁机的工作原理，把榨汁机大卸几块进行研究，结果装不上去了，我就当榨汁机是玩具。这样的自主性行为会促使孩子在各方面都得到成长，如果我们把这些当作孩子"犯错"来看待，就失去了让孩子更好成长的宝贵机会。

孩子可能在做大量的无用功

在应试教育的指挥棒下，孩子的课本越来越多，学习内容的实用性却越来越差，到了高中阶段，可能高达80%的学习内容在将来是没用的。孩子被强迫学习，智力开发处在被遏制状态。

几乎每一年高考之后，都会有高三学生把书撕掉，从教学楼、宿舍楼扔下，书碎纸飞，如同飘雪。马克·吐温说过："大学是这样一种地方：老师的备课笔记，既不经过老师的大脑，也不经过学生的大脑，直接进入学生的听课笔记。"这些没有实质意义的学习，只是为了考试服务，并不能帮孩子很好地生存于社会。

这种情况其实早在幼儿园阶段就开始了。五花八门的智力开发模式令家长们眼花缭乱，弹钢琴、背唐诗、认字等也成了幼儿阶段智力开发的必修课。且不说这些对智力开发的效率多高，光是对智力开发成果的检验标准，就是我们应该深思的一个问题。真正的智力开发其效果是很难用一两个指标来衡量的，比如孩子处理问题和发现问题能力就很难考核。

　　会弹钢琴的孩子可能依旧不懂何为高雅，会背唐诗的孩子依然不爱说话，认字很多的孩子依然不喜欢写作文。家长们预期的效果可能并没有达到。功利化的学习颠倒了学习和目的的因果关系，孩子喜欢音乐才要学钢琴，而不是学了钢琴才会喜欢音乐；孩子有了修养之后才会喜欢唐诗，而不是背了唐诗之后才会有修养；孩子有了求知欲才想认更多的字，而不是认了更多的字才会有求知欲。

　　颠倒了逻辑关系的学习模式，会让孩子痛苦不堪。真正的智力开发应该是挖掘引导和发现孩子们的兴趣点，换句话说就是要让孩子喜欢音乐、让孩子喜欢文学、让孩子有求知欲……在没有搞清楚如何培养这些能力之前，还不如不要学习，否则就会有自欺欺人之嫌。

　　很多父母会说："我们对孩子没啥要求，孩子哪怕一生平庸，但只要幸福就好。"反过来看这句话，似乎人人认为"成功"了的人，必然就远离了幸福或者不会感到幸福。这样的理论从何而来呢？

　　我们之所以会认为成才是痛苦的，是因为孩子现在学习很痛苦。不幸的是，孩子现在学习好和以后成才是两码事，我们真正要改变的是"学习好才能成才"的错误观念，不再去强迫孩子学习那些他不喜欢的东西。让孩子做他自己！

不要在惯性思维里继续摔跟头

　　孩子在学校的成绩几乎是每一位父母心目当中的头等大事，我们的烦恼也往往大部分来自孩子的学习成绩不好。很多朋友知道我在搞素质教育后，甚至还没搞清楚我到底怎么做素质教育，就不以为然地跟我说："你研究的方向脱离实际，孩子在学校考试成绩不好，就会受到打击，家长们怎么能不管他学习？"我对这样的家长说："我儿子小时候成绩不好的时候，我就会对他说："那些学习好的孩子，将来都是给你打工的，因为他们只会读书，不像你能解决实际问题，他们也不会社交，没你那么多朋友。'"

对于这位朋友的心理我很理解，因为多数人都是如此。调查数据表明，62.2%的家长认为孩子学习成绩最重要，而轻视对孩子进行品格、兴趣、社会交往等心理健康方面的培养。80.1%的孩子认为，"家长特别看重我的学习成绩"；60.9%的孩子认为，"家长总拿我和别的孩子做比较"，基本上都是比较学习方面的事。

学习成绩跟孩子的智力息息相关，家长们光想着提高孩子学习成绩，却以"没时间"为借口忽视了智力开发。如果学校传授的大部分知识缺乏实际意义，如果孩子海量的作业都是在做无用功，我们干吗不说"NO"呢？孩子的时间完全可以腾出来，无非就是少做作业、不做作业而已。

马上有家长反对："那怎么可以？没法跟学校老师交代啊，孩子如果不遵守规矩，老师以后不管他了，那不是更麻烦了？"换个角度想，如果孩子有了更多的独立空间和时间，不就更有利于智力开发了吗？至于孩子有没有把自己的时间和空间放在有价值的事情上，这就需要我们调整方法，学会用生存压力来约束孩子行为，而不是再用强制手段限制孩子行为。这才是摆脱教育困境、实现真正智力开发的根本手段。

十年寒窗，今朝一决。千军万马过独木桥的高考意味着必然有一部分人被淘汰。然而，是否成才仅上大学一条路？是否考不上大学就宣告人生无望？不！在这个多元化的社会，在这个机遇丛生的时代，有多种成才通道，完全可自由选择。

可当我指出李嘉诚、王永庆都是低学历的时候，有些人会不假思索地回答说，时代不同了，现在干啥都要高学历。我想说韩寒、丁俊晖、郎朗都是我们这个时代的人吧？在市场经济环境下，大学生们文凭来得太容易，所以现在成才者有文凭的人更多了，但并不是成才非要文凭。

也许有人会说我举的都是个案，可现实当中的个案还少吗？无视汽修工、厨师甚至保姆比一些大学生工资还高的现实，只能说我们"一根筋"，不愿意面对现实而已。当孩子完全失去了学习兴趣时，即使转变思想让孩子走"高考"之外其他成才之路，孩子可能也没了兴趣。这才是最为糟糕的事情。

良好的沟通不在于说服对方

有一次我让儿子到楼下快餐店去买一份快餐上来，顺便要一份外卖单备用。儿子回来后，快餐买回来了，可外卖单却没有。我就问儿子怎么给忘了，孩子一脸无辜地说："不能怪我，我都已经告诉快餐店的服务员，让他把外卖单放在装快餐的袋子里，可他忘了。"我当即告诉他，这个事情只能怪他自己没有检查，没有理由怪服务员。

我利用这件事情教育儿子说："在任何情况下，都要首先总结自己。如果今后你是公司的总经理，你可以把责任都归咎于下属，但遭受损失的是公司。事实上，员工是你自己招来的，他有多少能力，你首先要明白。当员工可能出问题的时候，你首先要考虑怎样来预防。"

父母是孩子最好的老师，当我们"一根筋"的时候，孩子也许也正在"向我们看齐"；当我们愿意改变的时候，我们也要带着孩子改变。经常开展批评和自我批评是很好的学习形式，要让孩子知道，发现和改正自己的缺点不是件丢人的事。

在我们批评孩子时，孩子会据理力争，提出反驳，有时候甚至指出我们所犯的同样错误。这个时候，我们应该认真听取孩子的意见，首先认可孩子的话，这样才能引起孩子的共鸣。

在与孩子沟通过程中，我们的自我批评显得格外重要。要永远相信，只有不好的父母，没有不好的孩子。要想让孩子不断反省自己，我们首先要做出表率，不要把自己承认错误当成一件丢人的事情，只要我们总在努力发现自己的问题，孩子也会学样，不断地摸索，不断地改变自己。

2.5　父母宽容，孩子更能干

鼓励孩子走弯路

一天，一位妈妈跟我讲述了这样一件事：她在观察比自己醒得早的6岁儿子时发现，他竟然把抠出来的鼻屎吃到肚子里。告诉他不能如此，可他仍旧会这样，真不知道该咋办。我跟这位妈妈说，这恰恰说明孩子聪明，他不会以父母的教导为真理，而是把自己的体验作为判断是非标准。我小时候也有类似的行为——把鼻涕和痰吃到肚子里。说实在的，鼻涕和痰咸咸的，并不难吃。但这个社会毕竟有一些行为规范，只要孩子没有当着众人的面做，做父母的在看到类似行为时，应该睁一只眼闭一只眼。如果要为这样的小事怄气，那可能有怄不完的气，反而更大的事情没有机会管了。我让这位妈妈不要担心，孩子是有学习能力的，他的行为更多出于好奇，好奇心过后，自己会调整的。后来我进一步建议，不要没事总是盯着孩子的一举一动，要给孩子成长的空间，让孩子独立地认识世界，让孩子有犯错误的机会。自己轻松，孩子多动动脑筋，何乐而不为?

没有不走弯路的人生，就像没有不跌倒就长大的孩子，我们要做的是在孩子跌倒的时候，等他站起来，给他继续行走的鼓励和信心。"走多少条弯路，我都陪着你。"这才是家长应该且需要做的啊。

在孩子成长过程中，我们似乎从来没有给他们选择的权利：上哪所学校是按学区划分好的，进哪个班是学校分配的，甚至上哪个大学、学什么专业家长们都要干预。

有家长不服气了，你这是站着说话不腰疼啊!这么重大的选择，让孩子自己负责，万一错了，那才叫悔恨终身呢。但是我们能一辈子站在孩子面前为他们做指引，防止他们走弯路吗?当孩子们有自己的独立人格和意识时，我们所指引的道路在他们眼里就一定是正确的吗?

剥夺孩子走弯路的权利，只会让孩子在今后漫长的人生中付出更惨痛的代价。企业管理有个重要原理，如果产品开发阶段应该暴露的问题没有暴露，到了生产阶段才暴露，纠正的成本会增加10倍；如果生产阶段应该暴露的问题没有暴露，到了售后阶段才暴露，纠正成本又会增加10倍。让孩子在年少时犯错，只是为了避免他踏入社会后犯更多的错。

从我小时候起我的父亲就给我足够的选择权去做自己喜欢的事。当我总是自己拿主意、自己承担后果时，就养成了不惧怕困难的性格，甚至有了大的麻烦反而会十分兴奋。我很感谢父亲给予年幼时的我"犯错"机会。这样的教育理念也影响着我教育自己的孩子。当我总是狠心让儿子自己处理自己的麻烦后，他也养成了独立自主、敢于承担的性格。我和他妈妈离婚之后，为了女儿的抚养问题，经常还会有一些纠葛，动不动就会吵起来。儿子就自告奋勇地对我说，以后有啥事情，他来帮我们调解。

教育是分阶段的。好奇心是潜意识，责任心是显意识，保护好了好奇心再培养责任心，也就是随着孩子年龄的增长，逐步让孩子增加做错事的后果承担。比如孩子走在水中鞋会湿，爬到沙堆上鞋里会进沙子，我们不妨让孩子自己去洗鞋子。这样做既满足了孩子的好奇心，又培养了孩子的责任心。

放手就要接受孩子犯错误

儿子接受了几年的跆拳道训练，到后来跟同龄人的对抗中，他总是胜多负少，这样的成绩让他难免自鸣得意。但之后一直难再有更大的提升。为了让他进步更快一些，孩子刚上初中，我就鼓励他参加深圳大学校队的训练。

一开始的训练结果可想而知，他根本就不是大学生的对手，最多只能跟女队员勉强对抗。但这样"力量悬殊"的训练让他进步飞快，孩子从最初的"自满"中醒悟过来，每天更自觉地刻苦练习，为后来在重大比赛中取得好成绩打下了基础。

当我把这个理念传递给在"超极少年"接受培训的孩子的家长们时，曾经为自己孩子在小区乒乓球兴趣班上总拿第一而洋洋自得的一位家长突然焦虑了:孩子一直"第一"其实就是止步不前啊!换个更高水平的机构成了当务之急。可高水平机构离家很远怎么办?那就举家搬迁!同样,刚到高水平机构,孩子负多胜少。可就这么简单地一换,孩子的进步出乎预料,在全国比赛中拿了名次!

这几件小事给我很大启发。在应试教育中存在着满分的概念,与满分有差距就相当于错误、失败和损失,是教育不够完美的标志。可人生中的很多考核更像体育项目评价标准中的时间、距离等指标,没有最好,只有更好。

如果孩子一直"成功",很少失败,也许并不是什么好事。原因显而易见:一是难度太低,二是有人帮忙,三是吓得不敢做,自然没有失败。这三个都不是我们乐于见到的。请您记住:考满分不再代表成功,而是代表学习效率低下。

爱因斯坦曾经说过:"最有用的知识就是关于方法的知识。"在孩子参加一般性的比赛时,不要关心最后输赢,而是在意为什么会输掉比赛。这么做在短期内可能会不断地输掉比赛,但从长期来看,孩子人生中关键性比赛有了更多赢的机会。这也是"做最重要的事情"和"做最紧急的事情"的区别。

如果孩子的成长分成三个阶段:学龄前、小学、中学,那学龄前就相当于产品开发阶段,培养的是孩子的性格;小学相当于产品生产阶段,培养的是孩子的习惯;中学就相当于到了产品出厂阶段,培养的是孩子的技能。这意味着学龄前没解决的问题,到中学再解决,难度增加百倍!

在"开发阶段"要充分预防问题。比如,刚上学的孩子大多会注意力不集中,而注意力不集中的主要原因是感统失调。幼儿阶段并不需要进行专门的感统训练,孩子能做的事情,像吃饭、擦屁股、系鞋带、穿衣服、端盘子等,尽量让他自己做就可以了,同时加强体育锻炼。

在"生产阶段"要充分暴露问题。很多电子产品出厂有所谓早期失效问题,就是在产品刚出厂时,会出现产品质量问题爆发的高峰期,为了尽量避免这种现象,就会在生产阶段设置老化实验工序。老化实验是通过制造恶劣的环境,比如把产品放在高温、高湿、高震动的环境中,让产品可能隐藏的缺陷尽可能在出厂前暴露。同样，我们不要因孩子问题多而采取息事宁人的做法，反而要更加充分地暴露孩子的问题，早想办法解决。这才是代价更低、对孩子更负责任的做法。儿子出国之后状况连连，迟到、旷课、逛夜店、打游戏、早恋，等等，我反而为儿子出现这些状况而感到欣慰，因为从培养创造型人才的角度，犯错是成长必不可少的步骤，孩子的成长要经历从不成熟到成熟的过程。孩子早恋和有可能成为剩男剩女，如果只能二选一，我宁愿选择孩子早恋。

犯错误是最好的学习方式

美国当代名师莎伦·德雷珀说："犯错误是最好的学习方式。"而我们的教育是鼓励孩子少犯错误，从不犯错误的就是好孩子。这种观念会导致孩子们害怕犯错误，害怕变通，渐渐失去从错误中学习的乐趣。当我们教孩子怎样去玩他的玩具时，同时也就剥夺了他发现的快乐和征服困难的快乐，而这恰好是人生中最重要的快乐。

允许孩子在做事中犯错误，是成人必须坚守的基本原则，因为犯错是学习的一部分。期待孩子不犯错误是向他们传达了一个既残忍也不正确的人生信息，设置了一个永远无法企及的标准。当我们期待孩子完美时，孩子只会感觉自己做得不够好，没有能力达到我们的标准。

我们必须要克服这样一些认识误区：

第一，没有意识到孩子的能力不足。当孩子能力不足导致行为和目的不统一，我们就会觉得孩子行为无序，担心孩子遭受失败、损失和伤害，就去阻止孩子的行为，这就丧失了智力开发机会。幼小的孩子都会有感统失调问题，即心里所想的和实际操作的不容易统一。克服感统失调的最好办法就是多做。孩子并不会自动拥有做事能力，不给孩子做事机会，会延缓孩子成长，导致孩子在小学低年级阶段普遍存在感统失调问题。

第二，没有意识到孩子有了新的目的。孩子对未知事物充满了好奇，当他的行为导致了某种意外现象出现时，他就会改变原来的做事目的。比如，孩子在用勺子吃饭时，原本是想用勺子舀饭的，可勺子接触到碗的一刹那所产生的响声引起了他的好奇，加上一开始他并不具备舀饭的能力，这让他把敲碗产生响声作为新的目的，尽管这一目的在大人看来是没有意义的，但却能勾起孩子强烈的好奇。我们应该好好保护孩子的好奇心，做事的热情比做事的结果更重要，不要因为嫌吵就制止孩子。

第三，没有意识到孩子的特点。孩子有些行为看上去是无序的，其实都有一定的含义。比如，幼儿阶段的孩子经常在沙发上乱蹦乱跳，这其实是促进孩子发育的积极行为，孩子处于长身体阶段，其肌肉和感统能力必须通过运动来提高，孩子就会有一些自发的行为促进自己的成长。

这时我们所要做的就是给孩子充分的权利，让孩子在相对自由健康的环境中成长。有一次去农村开展夏令营，让我非常吃惊的是，一个2岁多的农村孩子会自如地使用砍柴刀。这让我联想到1岁多的孩子喜欢玩筷子、拿剪刀，那就让他玩，让他拿，哪有那么危险？大人在一旁多留意一下就是了。禁止孩子做事，大人事省了，孩子却因此丧失了学习兴趣，这可真是"因小失大"。与其费心用力地教孩子，不如多花点时间和心思陪伴孩子。

"问题孩子"暴露出家长有问题

史蒂芬·葛雷是个有重要医学成就的科学家。有一次记者采访他，问他为什么会比一般人更有创造力，是什么因素让他超乎凡人。他回答，这都与他2岁时母亲给他的经验有关。

一次，葛雷尝试着从冰箱里取一瓶牛奶，但瓶子很滑，他一不小心，瓶子掉在了地上，牛奶溅得满地都是。

妈妈来到厨房，看到这种情景，并没有大呼小叫地教训他、惩罚他，而是温柔地说："哇，亲爱的，你制造的混乱还真棒，我从来没见过这么大的一摊牛奶！"然后又安慰他说："反正损失已经造成了，在我们清理之前，你要不要在牛奶中玩几分钟？"

他真的那么做了。几分钟后，妈妈又对他说："孩子，每次当你制造这样的混乱时，最好还是你把它清理干净，让它物归原处，你想这么做吗？我们可以用一块海绵、一条毛巾或者一个拖把，你比较喜欢哪一种？"

　　小葛雷选了海绵，和妈妈一起清理了地上的牛奶。妈妈又说："孩子，你用两只小手去拿大牛奶瓶，已经做了个失败的实验，现在让我们到后院去，把瓶子装满水，看看你是否汲取了经验，能否可以拿动它。"

　　最终小葛雷终于从妈妈那里学到了：如果用双手抓住瓶子上端接近瓶嘴的地方，就很容易抓牢瓶子。

　　葛雷说，从那一刻起，他就知道他不需要再害怕错误。除此以外，他还认识到，错误只是学习新东西的机会，科学实验也是如此。即使实验失败，人们也会从中学到有价值的东西。

　　可是，我们在孩子行为出现错误时，经常会采取这样一些不正确的做法：

　　● 大包大揽。孩子不懂得收拾书包，家长们就每天帮孩子收拾书包；孩子搞恶作剧遭到别人指责，家长们就去和他们理论："这么小的孩子犯错误是在所难免的，不能欺负小孩子。"……这些只会让孩子觉得"我做错事，家长会负责"。事实上如果我们用奖罚的方法引导孩子学会自觉，虽然一开始不能做到百分百地达到我们的要求，但孩子的能力、承担错误的责任感都会得到提升，尤其是会让孩子在压力下学会自我调节。

　　● 禁止孩子做事。如果我们的孩子不小心把桌上的一瓶牛奶打翻了，可能大多数妈妈会不再允许他拿奶瓶。孩子稍有不慎出了错，就会受到谴责，发展下去，孩子难免就会认为自己是个什么都不会且令人失望的家伙，以后遇到类似的事情，他首先就会寻找帮助，而不是自己做。

　　孩子在能力上的差距本应该通过更多的训练来缩小，而保护只能让差距越拉越大。我们完全可以把孩子"犯错"造成的损失当成智力开发所交的学费呀。事实上，这些损失，往往要远比我们把孩子送进各种智力开发学习班所交的学费要小得多，而效果却显著得多。我们要相信，孩子是聪明的，只要我们给孩子不断犯错误的机会，孩子就会在反复尝试中提高能力。

　　● 跟孩子讲道理。这是家长们比较普遍采用的做法。很多时候我们口干舌燥地跟孩子讲了一大堆道理，孩子看似"幡然悔悟"了，可下次照样犯错。这是因为孩子从来没有承担过后果，所以他就会怀疑大人讲的道理，于是讲道理的做法当然很难生效。

用体验教育让孩子感知后果，可能会让孩子不舒服，但对孩子来说，总好过我们对他说教甚至打骂。我们一方面骂孩子没有收拾书包，另一方面又替孩子收拾，那孩子就永远学不会自己收拾。好的教育是做出来，不是说出来的，每次孩子没有收拾书包的时候我们都给予一定的处罚，才是更有效的做法。

● 小题大做。孩子的很多"错误"是以成人的衡量标准来判断的，比如有个7岁的男孩子在坐校车时去摸女生的胸，对他来说，这仅仅是好奇使然，而并非是成人眼中的耍流氓。

美国管理学家吉宁说："真正的错误是害怕犯错误。"不怕犯错误的人，错误往往也离他最远。在改革开放之初，人们对改革开放心存顾虑时，邓小平就鼓励各级官员，要敢于犯错误。

2.6　不以自己的经验取代孩子的感受

宽容做事，严格做人

小时候我是跟父母一起住，我哥哥由爷爷奶奶带着。第一次见到哥哥时，有一件事情给我极深的印象。当时他想做一件事，爷爷不同意，他就躺在沙发上发脾气，不肯吃饭。爷爷不停地哄他，可他就是不理睬，最后爷爷只好答应他的要求。这让我感到特别震惊，还能这样啊？

之所以发出这样的感慨，当然不是因为做弟弟的当时比哥哥更懂事。孩子都是聪明的，会选择对自己最有利的方式适应环境。对哥哥来说，发脾气是达到目的的最好办法；而对我来说，我心里很清楚，敢跟爸爸发脾气肯定挨揍。

儿子的成长也很好地证明了这一点。儿子从小是老人带的，脾气之大，远近闻名。当我把2岁多的他从内地接到深圳后不久，情况发生了根本改变。孩子不仅每天有更多的笑脸，还经常做一些事情"讨好"我。原因很简单，孩子要是把对付老人那一套坏脾气对我的话，就会挨打。这一现象给了我很重要的启示：孩子有不良行为，并非是他不懂事，而是他对环境的最好适应，要想纠正孩子的行为，就要反省他的生活环境，而不是给他讲道理。

在处理孩子的不良行为的时候，要区分对待：是做事问题，还是做人问题。

孩子做事出现问题往往是由于能力不足导致的，那就应该给予孩子更多的宽容，让他们有个成长空间；但做人问题往往是因为环境设计不合理所导致的，那我们就要及时修正我们给孩子的环境。我所提倡的让家庭环境尽可能模拟社会环境，就是在做人问题上不要给予孩子宽容。可现在很多家长的做法恰恰相反：做事问题不能宽容，做人问题却过于宽容。这样的教育模式，虽然孩子成功地对付了父母，却无法成功对付他成年后将面对的社会。

给孩子"最佳"的成长环境

人是环境的产物，成长环境决定了孩子的性格。良好的环境可以塑造人，恶劣的环境可以毁灭人。家长给孩子创造好的成长环境，就是对孩子最好的爱。

我曾经遇到过这样的家长，她觉得自己的孩子难以管教，就想着把孩子送回内地，因为内地的老师管理比较严，也许可以帮助她改变孩子。

这位家长犯了什么错误？

首先，家长的行为违背了社会科学的规律。家长认为把"有问题"的孩子送到内地，让老师改造完美再送回深圳就皆大欢喜了。这是她一厢情愿的自然科学观念：物体改变了形状，没有外力依旧会维持这样的形状。但是，孩子的行为和环境有紧密的关系，即使内地的老师真的能改变孩子，那孩子一旦回到深圳，恢复了原来的环境，其行为也会回到原状。

其次，家长的要求违背了顺应人性的要求。孩子不听话表明他有独立的思想，我们应该试着去倾听他们的声音。当我们和孩子严重对立的时候，只是粗暴地靠强迫让孩子"听话"，已经不大可能实现了。我们对事物正确与否的判断是建立在经验的基础之上，而孩子则是靠切身的感受。

过度约束会扼杀孩子的创造力，但过度的放纵也不利于孩子健康成长。要在这二者之间达到均衡，就在于让孩子明白建立规则和遵守规则的必要性。

比如，我和儿子下棋时，他要是耍赖、悔棋，我会以其人之道还治其人之身，故意不按规则来玩，特别是关系到胜负的时候，我会车不走直线，马不走日字等。儿子发现的时候，肯定不干，这时候，我和他约定大家都不要悔棋、耍赖。这就是一个典型的创造规则的过程。在建立规则的过程中，我告诉他两个知识：一是取得胜利有多种方式，最有效的办法是提高自己的实力，在不同场合或不同时机中，以尊重规则为前提，选择更有效的取胜之道。与此同时，也要保持警惕，以免因对手不守规矩而吃亏。二是为什么要建立规则，为什么要遵守规则。规则是在特定条件下建立的，并不是一成不变的。

跟孩子定个"契约"

孩子一生气会乱摔东西，父母看了火冒三丈，发誓再也不给他买新玩具！可隔不了多久，家长就会"失忆"了，开车带孩子去买了新的玩具，边买还边絮叨："你要是再把它摔坏，看我以后还会不会买给你……"这种"说一套做一套"的教育模式鼓励了孩子的错误行为。

孩子需要有底线有原则的父母来帮助他学习如何面对人生。然而，现在的孩子学习原则的方式却是不断测试父母的底线。和孩子签订契约，成了父母要面对的最重要的挑战。

要想改变孩子不断挑战父母底线的局面，首先就要跟孩子建立相互尊重的平等关系，这就是我所倡导的用管大人的办法管孩子。

当孩子不愿意按大人的要求做的时候，需要调整的是我们对孩子的奖罚规则。比如，孩子不愿意写作业，我们就规定完成了作业就有奖励。假如孩子宁愿不要奖励，或者宁愿接受处罚也要去做一件自己很想做的事，这也不一定就是坏事。因为只有让孩子体验不按要求做的后果，才能让孩子知道规则的严肃性。当然，如果孩子长期不愿意遵守规则，我们就要考虑对孩子提出的要求是否合理了。

孩子"不听话"，可能是因为我们的体验设计存在问题。比如，孩子不愿意社交，是因为父母给予了他所有想要的，比如吃、住、行、爱、电视、游戏、智能手机，等等，他并不需要在与其他人的交往中得到这些。那我们就应该不给孩子过多照顾，而不是指责孩子太内向。又比如，孩子喜欢胡闹，是因为他发现胡闹是达成目的最有效的方式。那我们就不要轻易满足孩子的要求，而不是哀叹孩子不懂事。

至于分内事孩子却没做好，我们要通过奖罚来引导，避免这种事情发生。订立契约对比较调皮的孩子尤其管用，即使对那些懂事、听话的孩子，也不失为一种培养平等、守约观念的好办法；家长们不妨一试。

学会从孩子的错误中看到合理性和积极面

女儿刚2岁的时候，迷上了看影碟。为了不让她看太多影碟，我就提出，每次看碟都要去儿童游乐场完成一个她不敢做的项目作为看碟的条件。后来，孩子每次想看碟的时候就跟我说："爬。"意思是要先完成我给她安排的任务。有一次，她先跟我说："碟。"我说："不爬不给看碟。"她就说："爬。"

于是，我就带她到游乐场。孩子到了游乐场似乎忘了我给她指定的任务，而是玩起了她喜欢的项目，我不逼她，让她先玩够了自己想玩的，再玩我安排的项目。可她玩了半小时玩够了以后，要回去了。我跟她说："你还没爬呢，不爬回去以后不可以看碟哦。"她竟然跟我说："好。"回去果然不提看碟的事。原来，女儿不是真想看碟，只是想让我带她去游乐场玩，这是2岁孩子的小伎俩。

后来女儿故伎重施时，我就要求她先完成我布置的任务，否则立马带她回家。上有政策,下有对策,孩子就不断设计出新的花招来对付我。这其实就是在鼓励孩子不断地动脑筋,在这样氛围下成长的孩子怎么会不聪明?当我们为孩子制定奖罚规则时,孩子会讨价还价,别为此而生气,这恰恰是孩子动脑筋的体现,孩子发现规则的漏洞越多,说明孩子越聪明,我们只能更聪明地修改规则,孩子就和我们一起成长了。

如果我们希望孩子越来越聪明,就要在识别孩子的小伎俩之后,做出必要的防范措施。

儿子上五年级的时候,一次家长会上展示了所有孩子的作业本。我打开了儿子的作业本一看,全是优和A。我感到很奇怪,上个学期还有不少问题,这个学期进步就那么大?我抱着狐疑的心态打开了另一个同学的作业本,这才发现了秘密:儿子把他写得不好的几次作业都撕掉了,而撕掉的作业都放在课桌抽屉里。

换成其他家长,可能立马就火冒三丈了,但我并没有生气。一方面我并不过分看重考试成绩,孩子作业有几次没做好也没啥;另一方面我通过这件事也看到了孩子的优点:

● 这体现了创造性思维。当他遇到困难的时候,没有消极接受结果,而是愿意积极动脑筋解决。

● 孩子懂得展示自己好的方面。一个人要去应聘,最好的方法就是集中展示自己最好的各方面能力。

● 他有强烈的自尊心和羞耻感,这是他努力学习的动力和压力。他或许已经深深地自责了,我完全没有必要再给他施压,当我们施加压力而不能使成绩提高的时候,只能使孩子更加厌学。

回到家我用调侃的语气跟孩子说,"你的作业都是A了,怎么考试还没考好啊?你的抽屉里怎么跟个垃圾箱似的,下回我可不想看到这样的情况。"这是在告诉他,他的"创造"是有缺陷的;同时也是告诉他,我并不在意平时的分数,从而消除他说谎的动机。这才是解决孩子说谎的根本之道。

　　还有一次，老师打电话到家里，"这是顾坦山家吗？"电话是儿子接的，"对不起，你打错电话了。"老师十分生气，又打到了我手机上。我挺佩服儿子在紧急关头能够迅速做出反应。最后我也没有责备他，只是把这件事当成笑话传播给亲朋好友，这也间接教育他，不诚实是会被人发现的。

　　儿子在考试卷子发下来后，经常会发现老师"判错"的地方，他就会找老师要求增加分数。这事儿后来经常发生，我就开始怀疑，这很可能是他事后修改的。这不由得让我想起我们学生时代鼓励"拾金不昧"，有些孩子甚至偷家里的钱上交老师以图表扬。

　　发生这样的事情，我们更应该多检讨对孩子的教育要求和教育手段是否合理，转而调整自己的教育方式和理念，而不是仅靠严惩孩子，尤其是在孩子第一次做出这样的行为时，要给孩子认识错误的空间。

　　人们会说，这样的宽容是不是太"没底线"？这不是在糊弄老师吗？而很少从孩子角度去考虑，他们为什么会这样做？难道真的没有一点合理性吗？

　　有一次，我发现儿子书包里有7张空白卷子，应该是老师布置了没有做的，如果我要发作，那就等于告诉孩子我翻过了他的书包，这不符合不能侵犯隐私的约定，那孩子对我的信任就坍塌了。孩子做完这7张卷子，起码要花10个小时的时间，孩子有这么多时间吗？如果孩子平时大部分时间都在学习，玩的时间很有限，这10个小时很难挤出来，那我们就当没看到。

2.7　怎样激活孩子的想象力

充分给予孩子发挥想象的空间

　　爱因斯坦在谈想象力的重要性时说："想象力比知识更重要，因为知识是有限的，而想象力概括世界上的一切，推动着进步，并且是知识进化的源泉。"

但现实生活中，我们不恰当的方式让孩子们的想象力一点点变贫瘠。在一个儿童类的节目中主持人问一群天真的孩子："花儿为什么有很多种颜色？"孩子的回答五花八门，透着童真。有的说要是花儿只有一种颜色太阳就不喜欢了，有的说要是花儿只有一种颜色蜜蜂就不想吃了……这些回答都被主持人判作是错误的。当节目主持人一本正经地说出正确答案"因为花儿中有胡萝卜素"时，整个节目顿时失去童趣，直到最后主持人也没有对孩子们的想象力给予褒奖。

这让我对说出"要是花儿只有一种颜色太阳就不喜欢了"的孩子担心，担心他那无比宝贵的想象力，会被我们这些自以为是的大人用一个"胡萝卜素"就轻而易举地涂抹掉。

对教育而言，学习的最终目的并不是获取知识，而是训练思维，点燃孩子们头脑中想象力思维的火把。我们不妨把想象力的培养作为一门专门课程。经常创造和孩子讨论问题的机会就是培养孩子想象力的好方法，话题可以是家庭事务，也可以是孩子在外所遇到的事情或者社会热点事件，讨论中尽可能地激发孩子的思辨热情，让孩子的思考能够脱离固有思维的桎梏。

比如，我会问孩子："如果你没有纸和笔，你应该如何学习？"孩子能想出很多替代方案：去图书馆、使用电脑、看电视、看电影、看影碟、请别人讲课、参观博物馆、与同学交流，等等。这种练习不仅对创造能力的提高有所帮助，对拓展孩子的学习方法也具有现实意义。

又比如，我们可以问孩子诸如"如果所有的鸟儿都死了怎么办"之类的问题，孩子回答得越多、越新奇，我们就越鼓励。在孩子发表意见的时候，不要过早去评价他们的意见，也不要因为孩子说话啰嗦就去打断孩子，那样会打断孩子的思路。

现实生活中处处有着这样的题材。比如我们提出各种日常用品：笔、课本、鸡蛋、衣服、鞋、雨伞、足球，等等，请孩子分别说出它们不寻常的用途。孩子们的回答让人完全意想不到：笔可以作为自制桥梁的材料，课本可以做烧烤用的燃料，鸡蛋可以作为打架用的武器，衣服可以作为灭火的工具，鞋可以做一个小船，雨伞可以在见到不想见的人时做遮挡物，足球可以做家庭装饰物……

也可以先给孩子讲述一个神秘的故事，甚至是一些很知名的故事，讲到一半时，让孩子运用他们的想象力，继续编完故事。或者让孩子讲述经常观看的电视节目中发生意外时的处理方法，并对这些方法进行研究和探讨。通过这些方式，鼓励孩子突破定势思维，当孩子的想象新颖、独创时，我们要大大予以表扬。这样训练的孩子不但敢想，而且会想，喜欢想。

鼓励孩子搜集违反常理，但又具合理性的东西

在培养孩子创造性思维方面，我们还可以运用一些方法，比如举出一些我们习以为常但并不合理的事情、那些在传统教育中认为是错的但又有一定合理性的事情。

下面就举出一些具体例子：

● 有人常常用"人民公仆"来形容好的政府工作人员，但这个称谓本身就有很大问题。要知道人生来都是平等的，只是社会分工不同而已。人与人之间是服务和被服务的关系，这种关系是相互的，为啥有些人要给另外一些人当仆人呢？

● 电视中时常有知识竞赛抢答题，主持人非要在念完题目说"开始"后才能抢答，否则就被扣分。在竞赛中经常有人因犯规而被扣分，结果变成了按铃竞赛而不是知识竞赛了。其实，这样的规定完全可以变动一下，只要有人按抢答后，主持人就立即停止念题，答错了就扣分。

● 人们常说"家和万事兴"，在家里遇到啥事尽量"以和为贵"，不要争执以免伤了和气。可如果家里有个啃老族，或者有个悍妇，或者有家暴的丈夫，我们想纠正，难免遭到激烈抵制，如果这个时候我们息事宁人，放任对方继续下去，那这个家还能"兴"吗？

● 很多人迷信星座，有一次出于好奇，我也看了一下自己星座的特点，结果发现真的十分符合。可当我再看别的星座时发现，其他星座也非常符合

我。原来所谓星座的性格，不过是用一些似是而非、模棱两可的语言玩的心理游戏而已；左说左有理，右说右有理。

● 很多公司员工的工牌设计挺不合理，员工照片大大的，文字信息却得费力才能辨认。其实员工工牌如同军衔牌，真正要突出的应该是人名、岗位和职务，其中岗位和职务的信息比名字更加重要。

鼓励孩子搜集前人突破常规的思考

每个孩子心中都有一个神奇的世界，组成这个世界的元素是神奇的想象力，想象力的来源主要是故事。给孩子讲故事和让孩子编故事、讲故事都有利于启迪孩子的想象力。人类社会几千年以来，创造了很多富有想象力的故事，经常为孩子讲这些故事可以培养孩子的思辨意识。

比如，一个公司要招一名销售经理，公司给出的题目是让应聘者们向和尚推销梳子。很多应聘者看到这样的考题觉得可笑，纷纷放弃了应聘，最后只有三个人愿意进行尝试。考核期三天过后，三个人分别报来销售业绩：一人卖出1把，一人卖出10把，而有一人竟然卖出1000把。

第一个人拿着梳子到庙里，转来转去不知道如何下手，试着问一个和尚，结果挨了一顿骂。正当他垂头丧气准备离开时，发现有个小和尚正在挠痒痒，他灵机一动走过去，给小和尚出示了一把梳子，告诉他用这个东西挠痒痒比较好，小和尚没有见过梳子，出于好奇，买了一把。

第二个人也来到庙里，先经过一番观察和思考后直接找到方丈说，这个庙香客很多，但庙在山上，风比较大，许多前来烧香拜佛的人头发被风吹乱了，这样拜佛，对佛不敬，可又没有带梳子，庙里应该为香客准备梳子。方丈听了，当即买了10把梳子。

第三个人苦思冥想了一天，然后胸有成竹地去庙里拜访方丈，对他说，山上风大，很多香客头发被风吹乱了，这是佛主的考验，我们应该为香客们提供开过光的梳子，让香客们在下山后，遇到任何烦心的事情，都可以用梳头的方式来缓解心中烦恼。方丈听后大喜，订购了1000把梳子。

在美国淘金热期间，很多美国人涌向西部淘金，由于淘金的投入很大，而金矿本来就难开采，加上来的人太多，真正淘金发财的人并不多。有个人看到这种情景，并没有加入淘金队伍，而是做起淘金工具的生意来，大赚了一笔。

现在是经济过剩时代，有时候卖家比买家还多，于是，在很多的展览会上，有人不是瞄准观展人，而是瞄准了参展商，反而赢得机会。

有关哥伦布的故事也挺有意思。1493年初，哥伦布发现美洲新大陆后回到西班牙，举国欢呼，国王在王宫里设宴欢迎他。但对于他的重大发现，有些人不以为然，在一次聚会上，有人刁难地对哥伦布说："发现新大陆不值得大惊小怪，任何人都可以发现的。"哥伦布听了，只是淡淡一笑，取来一只鸡蛋，对在座的人说："先生们，你们当中有谁能够把这个鸡蛋立起来？"在场的人试着把鸡蛋立起来，可是谁也没能做到这一点。这时哥伦布把鸡蛋接过来，轻轻一磕，于是鸡蛋就竖立在餐桌上了。

"你把鸡蛋敲破了，当然能够竖起来呀！"人们不服气地说。"现在你们看到我把鸡蛋敲破了，才知道没有什么了不起，"哥伦布意味深长地说，"可是在这之前，你们怎么谁都没有想到呢！"

这些故事最精妙的地方就是不按照常理思考问题。我们给孩子讲述这类故事时，不要直接告诉孩子作品的微妙部分，让孩子先自己想象，然后再启发。也可以指导孩子玩角色扮演游戏，让孩子参与或者扮演故事中的某一个角色，让他们也学着表演或模仿故事人物使用的语言和语调，这会使得孩子们热情高涨。

为了发展孩子的智力，必须重视想象力的培养，当孩子的头脑插上想象的翅膀时，他会飞翔得更高更远。

脑筋急转弯对开发智力有帮助

在激发孩子思辨能力的培养中，脑筋急转弯也是打开孩子思路的很好练习，但我们也要注意到，脑筋急转弯有着不同的种类，不同的种类有着不同的意义，我们在选择时需要注意。

第一类：完全是真实的，只是被固有的思维模式束缚了。这一类最有利于智力开发。如：

蓝色的笔是否可以写出红字？——可以写"红"字。

有两个女孩长得完全一样，有共同的生日和共同的父母，但不是双胞胎，这是为什么？——她们是三胞胎中的两个。

篮子里共有四个苹果，要把这四个苹果分给四个小朋友，每人一个。但分完后为什么篮子里还有一个苹果？——其中一个小朋友拿篮子装了一个苹果。

姐姐问妹妹，家里有很多地方我们都可以坐，但什么地方只有你能坐而我不能坐？——姐姐的腿上。

树上有十只鸟，用枪打死一只，树上还剩几只？——没有了。

别人跟阿丹说她的衣服怎么没衣扣，她却不在乎，为什么？——有拉链。

有两辆汽车以完全相同的速度分别行驶于紧邻的两条直路上。不久之后，虽然两车都未改变车速，但是B车突然开始超越A车，这可能吗？——A车道是下坡路段。

动物园里的狮子趁管理员忘关笼子的机会都逃出来，人们一片惊恐，只有管理员在最安全的地方一点都没有怕，那这个地方是什么地方？——狮子笼子。

有两个人同时来到了河边，都想过河，但却只有一条小船，而且小船只能载一个人，请问，他们能否都过河？——能，因为他们分别在河的两岸。

第二类：具有一定的真实性，但有偷换概念之嫌。这类也可以帮助人们打开思路。如：

打狗要看主人，打虎要看什么？——要看你有没有胆量。

有一匹马不会跑，这是为什么？——木马。

一座桥上面立有一牌，牌上写"不准过桥"。但人们照过不误，为什么？——这座桥叫"不准过桥"。

什么样的轮子只转不走？——风车轮子。

拥有很多牙齿，能咬住人的头发的东西是什么？——发夹。

最后冒出来的牙齿是哪一颗？——假牙。

什么东西说"父亲"时不会相碰，叫"爸爸"时却会碰到两次？——上下嘴唇。

谁天天去看病？——医生。

当今社会，大多个体户靠什么吃饭？——嘴巴。

有一武功大师在雨天不带任何雨具，全身都被淋湿了，可头发一点没湿，为啥？——他没有头发。

第三类：完全不真实，属于胡编乱造。如：

大禹为什么三过家门而没有进去？——和老婆吵架了。

为什么刘备三顾茅庐，第三次才见到诸葛亮？——因为前两次没有带礼物。

贝多芬给了学生什么样的启示？——背了课本就会多得分（背多分）。

什么动物天天熬夜？——熊猫，你看它的黑眼圈。

什么东西咬牙切齿？——拉链。

小王13岁的生日为何点了14根蜡烛？——那晚停电，有一根是用来照明的。

在早餐时从来不吃的是什么？——午餐和晚餐。

老张有很严重的胃病，可他每周有五天总往牙科跑，这是为什么？——老张是牙科医生。

2.8　有利于创造性思维的课程

绘画是激发孩子创造力最好方式之一

有本美国畅销书讲了这么个故事：一个小学老师在给6岁的孩子们上绘画课。后排有个女生并没有认真听讲，而是聚精会神地画画。老师忍不住地走过去问她："你在画什么？"女孩头也不抬地说："画上帝。"老师吃惊地说："可没人知道上帝长啥样呀！"女孩说："一会儿你就知道了。"

已经有大量的研究证明，艺术训练，包括音乐、舞蹈、绘画、戏剧，都能强化大脑的注意力系统，从而提高人的整体认知水平。学艺术可以让孩子更聪明，尤其绘画类的艺术教育在培养孩子的创造力方面是非常有用的。毕加索有一句名言：每个孩子都是天生的艺术家。问题是怎么在长大之后仍然保持这种天赋。

当孩子刚开始具有行动能力时，他们会有很强的表现欲，喜欢涂鸦，做家长的不必简单制止，只需要为孩子准备一处能够发泄情感、进行创作的地方就够了。在对孩子进行艺术能力培养过程中，不能用纯专业的方式去培养，而是要设法开发孩子观察、体验生活的能力和想象力，让孩子通过创造活动，提高感知自然、生活和艺术之美。

一位著名画家曾说："人在能画出一幅画以前，必须勤勉地练习所有法则并熟悉理论上的法则，这对于儿童创造想象来说，如同是一把软刀子，会使艺术看上去像另一种组织严谨的科目，并使儿童对此失去兴趣。当他们离开学校后，那些继续根据规则去绘画的，充其量只能成为画匠而非艺术家。"

那是不是可以完全忽视孩子的技艺？事实上，当孩子在创造过程中受到鼓励时，他会更有动力学习必要的技术。孩子在学习艺术创作的时候，不需要像在美术学校学习那样，从素描、写生开始。让创作带动技术，而不是技术带动创作，这就是先行后知的理念。

给孩子"幽默救生圈"

法国思想家拉布说："幽默是生活波涛中的救生圈。"当我们的孩子们置身题海波涛中，真的需要一个"幽默救生圈"。具有幽默感的孩子通常很乐观，在生活中不断地制造欢笑，让周围的人感到轻松愉快，自己也会富有成就感和自信。因此具有幽默感的孩子，也较容易获得友谊。

幽默能力的训练不仅是创造性思考的热身，更会让孩子在轻松愉快的心情中大大提高学习的效率。在超极少年成长训练营中，老师经常即兴给学生讲笑话，这也是孩子喜欢"超极少年"的重要原因。有时候我们也会让孩子背一些笑话去给陌生人讲。

幽默是一种能力，这种能力主要来自父母对人生乐观、豁达、幽默态度的感染。一个家庭中，如果父母和孩子之间的关系比较平等和谐，孩子不会因为"家长权威"而畏惧跟父母开玩笑，家庭经常处于欢声笑语之中，孩子也就会变得开朗和幽默。相反，如果我们对孩子要求过于刻板，只关心我们自己的要求，并不在意孩子的感受，孩子的心情就会受到影响。

美国人十分有幽默感，这是美国大环境培养出的能力。我们可以让孩子多接触一些富有幽默感的美国少儿影视作品，比如让孩子多看迪斯尼动画片，动画片中的美国式幽默会潜移默化地影响孩子，培养他们打破常规的思维方式，这对培养他们的想象力大有好处。

怎样写好作文？

想象力是一种具有创造性的认识功能。真正的创造是想象活动的结果。有计划性地设计安排想象性作文训练，对进一步发展孩子的创造能力十分有效。可以说写作文是培养孩子想象力最好方式之一。

以写作的方式产生各种想象，表达不同意见，自由发挥，孩子本应该非常喜欢的。然而，现实当中孩子特别反感写作文，这反映了我们在写作训练方面违背了语文学习的规律。要想让孩子有好的写作能力，应该从以下几个方面入手：

● 提高观察能力。儿子语文成绩很一般，但作文写得很好，曾经代表学校参加深圳市作文比赛并获奖。但刚开始他的作文也很差。我没有直接指导他写作文，而是设法提高他的观察能力。比如，我让他从家里的阳台上看小区的花园，鼓励他说出其中两棵树有什么区别，要求他至少要说出二十个不同点。一开始他没有耐心，直接回答"说不出来"，可我一提醒"不同的高度""不同的形状"等时，他马上制止我，开始了自己的想象，生怕我把简单的答案全说完了。当孩子说完两棵树的不同之处后，我再让孩子说出二十个相同之处。也可以用两个人、两种职业来替代两棵树进行训练，当类似的题目做多了，孩子的想象力就丰富起来。

● 学会编故事。比如，我们可以向孩子出示各种图片，让孩子根据图片中不相关的人物、物品来编故事。在孩子认识字后，我们可以随意给孩子一些表面上并不相关的词，比如水、房子、老虎、太空……让他串起来编个故事，并取个引人入胜的题目。一开始可能会觉得孩子编写的东西牵强附会，甚至荒诞不经，但编故事对于创造力的培养是非常有用的。家长先不要对作文的字数和结构有什么要求，而是把重点放在故事的创意和句子、词汇的表达上。

● 多给孩子选择的空间。孩子不爱写作文很大一个原因就是命题都是老师硬性给的，而这些命题大多是孩子不喜欢的，另外还有字数的硬性规定。我们不妨先从非命题作文开始，鼓励孩子大胆发挥想象，不拘泥格式，天马行空，孩子有了写作兴趣，学会了描述和形容，再去写命题作文就会得心应手。

孩子最初的作文可能会写得不着边际，甚至会出现不达意、逻辑荒谬的情况，这是受孩子知识水平的限制，不要对孩子苛求。只要孩子说出了心里话，我们都要鼓励，重点放在文字的结构和语言表达上。亲戚家有个孩子，在中国上学时，作文总不能得高分，但随父母出国后，在国外学校就经常获得高分，因为他能够在作文中展开丰富的想象力。

开始写命题作文时，也应该尽量给孩子有更多开放性选择的作文题目。比如让孩子写《假如我是市长》之类的作文，让孩子充分表达自己的意见、观念，同时培养了孩子的上进心、责任感和创造力等。

让魔术调动起求知欲

魔术常常以迅速敏捷的技巧或特殊装置把实际的动作掩盖起来，使观众感觉到物体忽有忽无，变化莫测。就广义来说，凡是呈现于视觉上不可思议的事，都可称之为魔术。魔术是人类智慧的结晶，也是经得起科学考验的，

　　由魔术演变而来的益智玩具能开发人的智力。

　　让孩子从小学习魔术，也是培养孩子创造性思维非常有用的方式。

　　一开始我们可以先给孩子变魔术，然后让孩子去猜想可能的诀窍，鼓励孩子思考其中的奥秘，等孩子们明白其中原理后可以让他们模仿。由于魔术的奇幻效果，往往对孩子有极大的吸引力，孩子在学习过程中也感到极大的快乐。在超极少年成长训练夏令营，老师经常会教孩子一些魔术，或者鼓励孩子学会魔术到夏令营中教大家。这对提高孩子的人际交往能力也很有效，原本害羞胆小的孩子会因此变得自信开朗起来。

　　魔术也是训练孩子培养科学思维的重要手段。现在社会上很多骗子鼓吹所谓特异功能，利用人们无法解释的自然现象故意造假以达到欺骗他人的目的，而学习过魔术的人会很容易识破这些伎俩。

第三章

你觉得该怎么做？

· ·

　　智力开发的基本手段之三：倡导体验教育，而不是给孩子定标准。实践是检验真理的唯一标准，而只有体验才能让孩子拥有判断是非的能力。

3.1　陶知行为啥改名陶行知

通过体验教育获得的知识才更牢靠

　　陶行知原名文濬，他大学期间推崇明代哲学家王阳明的"知行合一"学说，故取名"知行"。43岁时，他在《生活教育》上发表《行知行》一文，认为"行是知之始，知是行之成"，改本名为陶行知。从中可以看出陶行知推崇的是"先行而后知"的哲学思想。

　　陶行知主张"生活即教育""社会即学校""教学做合一"，形成了体验式教育的思想体系。

　　一个人经验的积累主要源于各种体验。体验式教育对孩子的独立性及自信心的建立非常重要，这些优秀的品质将影响孩子一生。但日常生活中，家长无微不至的照顾无形中剥夺了孩子体验的机会，同时剥夺了孩子成长的机会。

　　有这么一个案例，几位少年结伴去大森林里探险，不幸迷路，当大人们找到他们时，他们已经因冻饿而死。父母、师友涕泪横流，后悔不该让他们冒这个险。然而，当成年人仔细观察现场时，一种更深刻的痛直冲心房：在孩子们周围就有野果子，可他们竟然不知道这些东西能够充饥……

　　这种通过体验得来的经验和知识是任何书本都无法真正给予的，这就好比学走路就要经历跌倒，学习游泳就要经历呛水一样，只有真正去体验、去经历失败，才能够得到最宝贵的经验财富，甚至是成功的喜悦。在生活中，父母要学会放手，给孩子体验成长的空间和机会。

　　生活当中有些孩子会比较听话，有些孩子则不那么听话，这反映了两类人的思维方式：一类是通过模仿他人的行为来获得生存的方法，另一类是通过自己的体验来获得生存的方法。前者一开始可能表现得更为优秀，受大人喜爱，但他们缺乏超越前辈的能力；后者虽然在一开始会出很多问题，但可能是未来创造新知识的聪明孩子。

人类获得知识的最基本的途径就是体验，让孩子通过体验建立现象和结果的关系，会使获得的概念更生动真切并印象深刻。那是不是所有知识的获得都要通过这种方式呢？当然不是。那些善于通过体验获得知识的人，会对无法通过"体验"获得的知识产生更多的向往，这就是我们所说的"阅读"学习。因为要对结果承担责任，孩子在学习时就有内在的目的，但他们不会盲目相信书本，这正是我们智力开发要达到的目的。

我们习惯于以危险为由阻止孩子去做，靠的还是说教。其实大可以让孩子去体验一次，"试错"是获取知识非常重要的手段之一，比如我们不是告诉孩子开水不能碰，而是给一杯温度比较高的热水让孩子感受一下，当他被烫到（不是烫伤）时自然就会明白，开水是会烫伤人的。通过类似这样的事情，父母也能取得孩子的信任，遇到那些不能让孩子体验的事情时，孩子也会相信我们的话。

体验教育可以从零岁开始

拿破仑·希尔说过："播下一种行为，你将收获一种习惯；播下一种习惯，你将收获一种性格；播下一种性格，你将收获一种命运。"动物与人类都有先入为主的视觉记忆、听觉记忆、触觉记忆。很多儿时的记忆往往会影响终身。所以教育已经从零岁起步了，我们所提倡的体验式教育也完全可以从零岁就开始。

比如孩子经常会吃一些不该吃的东西，我们稍不留神孩子就可能把诸如钉子之类的东西吃到嘴里，我们该怎么办呢？

女儿10个月左右的时候就已经不会轻易把东西放进嘴里。在这之前当她乱吃东西的时候，我不仅不制止，甚至还有意把诸如花生壳、橡皮之类的东西给她。

让孩子连续吃20次不能吃的东西，他们就会知道不是什么东西都能吃的。主动的体验式教育能让1岁的孩子也明白这个道理，但我们很多孩子要到两三岁才明白同样的道理。孩子并不会因为我们的说教就明白什么该吃什么不该吃，而我们的监控百密终有一疏，孩子最终还是要经历20次尝试，只不过时间延长了。这就是被动体验式教育与主动体验式教育的差别。

有一次，外面下着雨，女儿非要到小区的游乐场玩。向一个2岁的孩子解释为什么下雨不能出去，她无法理解，不如任由她自己出去，陪她一起出去淋雨，并让她亲手抚摸落在物体上的雨水。女儿在冬天想穿凉鞋不想穿布鞋，我也没有制止她，让她自己感受冷暖就是了。

女儿1岁之前喜欢撕书、涂鸦、摔坏有用的东西，后来完全纠正了。方法也很简单，就是在她做这些事情后打手心。孩子听不懂大人的教导，也无法体验到损失，人为给予的体验最直接。

人们可能会说这样教育孩子是不是太残酷了？但让孩子承担后果的同时，也意味着会给他们更大的自由空间，孩子在更多地参与中体验到成长的快乐，这是说教方式无法比拟的。

体验教育更能激励孩子

曾有一个非常聪明的孩子来到我们超极少年夏令营，他学习上的智力优势表现得十分突出，但这孩子有个毛病，总是瞧不起这个，瞧不起那个，因此经常得罪人。孩子的妈妈引经据典、声泪俱下地跟孩子讲了无数道理，完全没有用处。

孩子刚来时，不出所料地因为傲慢、贫嘴得罪很多孩子，那些被他惹急了的营员，就狠狠地揍他。起初，这孩子越挨打越嘴硬，可夏令营的老师似乎都看不到，听不到（这个时候老师和父母不要给予孩子任何保护），竟然不管不顾！经过几次奏打后，孩子就迅速调整了自己的行为。他一开始时会嘴硬，是因为在他的经验中，所有老师都会拉开打架的孩子。

在生活中，用同样的道理对付熊孩子一样有效。比如有些孩子喜欢搞恶作剧，经常以躲藏起来为乐趣，让所有大人都为孩子的"失踪"着急。这个时候不妨"以牙还牙"，一改以往着急寻找他的做法，让孩子也体验下被丢弃的痛苦。

在很多家长的惯性思维中，学习就一定是在学校接受教育。但社会上有很多成功的人，他们并没有高学历，这是因为这些人从学校出来后并没有停止学习，他们的学习方式主要是社会实践，也就是体验式教育。美国著名的实用主义哲学家、教育哲学的奠基人约翰·杜威（John Dewey）认为，"在做中学"是儿童的天然欲望的表现，当我们把体验式教育贯穿孩子的成长过程中时，我们收获的是精英。

体验式教育提倡的是用后果教育孩子，而不是让孩子背诵后果。事实上，体验式教育在触发孩子主动思考、改变内心方面有非常显著的效果。人们在与环境互动的过程中，可能会出现很多意想不到的结果，面临不同选择。这些结果有些是孩子们想要的，有些是孩子们不想要的，但都会激发孩子自主思考，也就开启了智慧之门。

女儿刚开始接触陌生人时，不喜欢叫人，当我们规定她必须叫时，孩子虽然起初不是很情愿，但得到别人夸奖后，一下子就喜欢上甜甜蜜蜜地叫人，变得主动社交了。儿子小时候是个小宅男，也是通过这种方式纠正的。

这就是体验后的成果带给孩子的激励作用，这跟我们劝说孩子你这样做会如何如何好是完全不同的，孩子更愿意相信他所体验到的东西。

为什么现在很多孩子玩手机、玩电脑等电子产品要比我们更熟练？因为当我们也不是某些电子产品的"行家"时，就不会干预孩子的探索，孩子有机会体验到非预期的结果，这会激励孩子去思考其中的原因。当你自信比孩子懂得更多，就会不自觉地教孩子，孩子自主体验的空间就会变小。

给孩子多一点成长的空间和时间，允许孩子犯错误，孩子反而会进步得更快。当我们放手让孩子自己管理自己，孩子不仅学会了自我负责，更使得孩子各方面的能力有可能超过成人。

相比之下，缺乏体验式教育的孩子在做事目的上缺乏自我的动机，在做事内容上缺乏自我的实践，在做事结果上缺乏自我的选择。这将会极大地遏制孩子的智力开发。

3.2　智力开发误区之三：单向被动式学习

记忆不等于理解

　　数学考试中有道题目是问圆的对称轴有几个，半圆的对称轴有几个。儿子回答的都是"无数"。我问他什么叫"对称轴"，儿子摇头说"不知道"。我画图解释给他听，"对称轴就是沿着一条直线对折，两边图象相同成为镜像。"孩子立即明白了错在哪里。

　　这件事让我想到现在学校考试大多是靠记忆背诵，属于"背多分"式的。但是，记忆大师并不等于学习天才。即使能够记住那些散乱的数字信息材料，又有多大的意义呢？孩子的回答符合了标准答案，但并不代表他明白了道理。应该说，在互联网时代，提高记忆力的重要性已经大大地降低了。

　　传统教育就是学习各种规则。长期习惯了按规则做事的人，在出现问题时，首先会怀疑规则，可换了新规则后，又会出现其他问题，最后可能下结论：此题无解。比如，我们一开始用传统方法对孩子严加管教，可随着孩子成长，这种教育方式越来越不可取，甚至出现大的问题。于是家长们又一百八十度大转弯，学着西方人的放手，不好——孩子的行为更失控了！

　　这实际上跟儿子做题的情况是一样的，都是在机械地应用规则。无论严加管束的教育还是放手的教育，都应该在特定条件下才会生效，而且配套措施至关重要。如果不能充分理解规则产生的原因，规则就很难执行下去。

　　在我推行奖罚制度的时候，很多家长急于要奖罚的模板，但在实践中发现，那些要了模板的家长基本没能执行下去，而成功实行奖罚制度的家长，大多能够按照我设定的学习流程耐心学习其中的原理。如果我们没有耐心，就给孩子树立了糟糕的榜样，孩子也会做什么事情都很浮躁。

单一化学习会让孩子的思维变狭窄

儿子小学快毕业时我给他出了这样一道数学题："有甲、乙两同学在笔直的公路上从A、B两地同时骑自行车出发，A、B两地相距900米。甲每分钟走200米，乙每分钟走250米。问：经过多长时间，甲、乙两人相距2700米？"这道题要分析四种可能的情况：一是两人相向而行，乙向甲的方向；二是两人相向而行，甲向乙的方向；三是两人逆向而行，越走越近；四是两人逆向而行，越走越远。儿子在做这道题目时，只想到了第一种情况。我奇怪，问他怎么没想到其他情况呢？他告诉我，因为他以前做的题目中，只要提到"甲、乙两人从A、B两地同时出发"的题目都是相向而行。

这现象反映孩子在学习时只是记忆这些重复且单一的题目，这意味着孩子只是在劳动，而没有在思考。在互联网时代，训练人的大脑与电脑、互联网比记忆，实在是大大降低了人的大脑的价值。现在最需要的能力有两种，一是能够提出问题的能力，二是知道到哪里以及怎样寻找和运用解决这些问题的知识信息的能力。

而现在的教育更像是一种训练。老师所给出的判断题和选择题一般都是限定范围的。但现实当中的很多问题，往往没有标准的解决方案，甚至连问题本身都可能在变化。当孩子们只能按照规定的"统一标准"去学习时，教育已经失去了原本的意义，而只剩下单一的训练了。

这一切源自错误的智力开发模式。在单向传授知识的模式中，我们习惯于先教会孩子，再让孩子去实践。但从长远来看，这只会让孩子盲从而惰于思考，恐惧犯错和失败。

"做事"能力比"记事"能力更重要

接受过"超极少年"辅导的孩子常常表现出超强的社交能力。比如，当他们独自在外遇到问题时，会很自如地通过向陌生人借钱、借手机打电话问路等方式解决，显示出很强的适应和生存能力。这和我们平时在训练中开展的独自生存能力训练、社交培训等课程有关。孩子在生活和工作中所表现出的能力不足，没有什么太深奥的原因，就是缺乏学习。

为什么孩子缺乏学习？没有机会。在传统教育中，我们着重培养的是孩子的记事能力，而不是孩子的做事能力。有一次跟旅游团外出，导游让小朋友们表演节目。于是，会有一些小朋友以背唐诗、背古文为荣，争先恐后地要给我们大人"来一个"。其实孩子并不能理解他们口中的唐诗古文，只不过我们长期向孩子传递了这样一种错误的信息：记忆力好就是优秀，会背诵唐诗古文的孩子值得表扬。而现实却是：孩子的出类拔萃体现在做事能力上，而不是体现在记事能力上，虽然提高做事能力需要一定的记事能力。

人脑与电脑在记忆层面有得一比。电脑储存的信息过多，内存占用过多，电脑速度就自然要慢下来，甚至因为信息阻塞而导致死机。人的大脑，如果存留过多无用的知识信息，也会导致思维短路，使大脑想象的空间遭受破坏。不幸的是，我们的教育在灌输知识的过程中，并没有给孩子大脑留出点空间，没有让孩子分清主次。

当孩子的考试成绩接近满分时，他关注焦点可能是标点符号的细枝末节，却忽视了还有大量没有掌握的新知识；当我们关注孩子文章的语法错误时，却忽视了孩子不善于说话。因此，我们要时时给大脑留白，在接收到的海量信息中分清楚哪些才是重要的信息。

单向被动学习的恶果

前段时间我接待了这样一位妈妈，她说自己的孩子从小就表现出很强的学习能力，作业也完成得又快又好。可近期孩子不知道怎么了，做事拖拖拉拉的，学习效率又低，愁死人啦……

我安抚了一下她情绪，问："孩子从什么时候开始变的呢？"

妈妈："我这孩子平时做完作业还有很多时间，我担心他老玩会影响成绩，就给他额外布置了一些作业……"

　　问题就出在这里。传统学习方式，除了我们前面提到的缺乏实际的应用价值，就是给孩子太多的负担。

　　很多家长认为孩子学习就应该每天苦战书海，尤其看不得孩子玩。就像这位妈妈，自作主张地给孩子增加作业，当孩子知道提前写完作业的结果就是增加学习任务，孩子自然就会故意放慢速度，反而导致学习效率下降。

　　说到孩子负担过重，父母一般可能会单纯理解为学习时间过长，其实学习内容过多也会严重影响到孩子的智力开发。不同的学习内容来回轰炸，会造成孩子很大的心理负担。在国外，很多高中每学期一般只有四门课，课程减少了，课时增加了。大学一般每个学期也就是五门课。

　　有些家长担心孩子玩得太多，总给孩子找事儿做，帮孩子报各种兴趣班，将他们的时间填得满满的。这就更不可取。我们应该好好利用孩子贪玩的天性，安排孩子做他们真正喜欢的事情，而不是强迫孩子去做大人认为该做的。

　　在知识爆炸的时代，我们可以选择的东西太多，如果仅仅是因为社会流行而让孩子学，那未必对孩子智力开发有帮助。美国心理学家斯滕伯格曾说：“首先要有可供扩展的知识，才可能去考虑创造性地应用或扩展它。同样，一个人的经验太多也可能是件坏事（尽管不都是这样），他可能画地为牢，一点不敢超出现有的规定和观点。因此，大多数创造是由该领域相对而言的新手做出的，这是因为他们知道得不少，但也不多。”

　　马克思说，我们既然允许玫瑰花和紫罗兰发出不同的芳香，我们为什么不允许思想有不同的声音呢？但糟糕的是，当我们习惯于单向灌输给孩子知识的时候，就会有胡编乱造的倾向。因为我们希望孩子相信我们教给他们的都是对的！但孩子天性具有批判精神，随着年龄增长，他们会更加质疑所接受的知识，这个时候有些父母不得不通过夸大后果的方式来强化知识的正确性。比如，当我们想要孩子刷牙而孩子不肯刷时，就会说：“不刷牙，牙齿就会烂掉的。”

　　这样的教育方式可能导致两种后果：一是当人们习惯于被动接受知识，

就会缺乏对知识真伪的判断，而社会上很多用心不良的"知识的传播者"会利用人们这一点，变本加厉地欺骗。比如很多假货给我们造成了巨大的损失，那些所谓"胶原蛋白"掏空了很多人的钱包，不断有人因为相信伪医学而死亡。二是当孩子产生质疑时，作为知识传播者的我们和孩子之间的信任之墙就会坍塌。但凡有点头脑的孩子就会想，人类的祖先和动物都不刷牙，他们的牙怎么没都烂掉？一旦孩子对我们缺乏信任，我们的说教就难以达到效果。

　　前者让孩子因为接受了错误的知识而变得不够聪明，后者让孩子失去了最应该值得信赖的人而没机会学习。提倡体验教育并不意味着忽视书本教育，因为体验式教育更好的延伸就是阅读，而具有实践精神的孩子，也会对书中所阐述内容具有判断真伪能力。

　　一味地说教还可能教孩子说谎。有一次，超极少年冬令营跟其他机构合作，地陪老师带着大家高喊："我的健康我做主，拒绝垃圾食品。"可不少孩子几分钟后就买了垃圾食品，这是极大的讽刺。

3.3　怎样鼓励孩子动脑

被动地学习压抑了孩子智力的发展

　　女儿刚开始学说话，咿咿呀呀的根本听不明白她到底想说啥，我只能瞪着她，通过表情和肢体动作来判断她的意图，但也经常有揣测错误的时候。孩子因为表达不清达不到目的而抓狂。语言沟通的问题让我和她都很着急，这种着急也是孩子学说话的动力和压力。

　　真正的智力开发应该是和环境产生互动，这会让孩子的学习产生具有实际价值的结果。无论结果是好是坏，都是他们继续努力的动力和压力。

　　比如，孩子学会了做饭，就可以选择自己喜欢的美味佳肴。孩子学会了赚钱，就有了自己的零花钱。换句话说，真正的智力开发应该是培养随时可以在实践当中应用的能力，如果孩子学的东西得一直揣到考场才能发挥作用，那多半是没什么实际价值的。我们给孩子安排的学习往往是单向的，一个整天背英语课文、听英语录音带的中学孩子，可能他的英语水平还达不到以英语为母语的幼儿水平呢，因为学习语言最重要的就是互动。

如果说单向的学习真有什么价值，大概也只能体现在考场上吧！比如考试成绩。缺乏实用价值还很有可能导致学习造假现象，这也是单向学习效率低下的主要原因。很多家长会因为孩子成绩不好而抓个补习老师在考前临时突击一下，看似有用，其实就是作弊。

临时的解决方法旨在用最快的方式消除问题的症状，而永久性的解决方法旨在避免问题的再次发生。很多情况下，两者是相互矛盾的，起码在时间的安排上是冲突的。要想孩子学业顺利，家长就不能不在意暂时的成绩，这让孩子无法把更多的精力放在智力开发上。可当考试成绩成为最高的考核标准时，家长只会关心成绩，而不管成绩是如何来的。

我们每天盯着孩子写作业，可以保证都得A+，但孩子可能考试照样不行。而这样的教育下孩子会变得懒惰，什么都依赖父母把关。这种做法本质上就是作弊行为，跟孩子考试作弊没有什么区别，都是在应付得到好成绩要求。

让孩子自己想办法

超极少年成长训练营课间休息时，有一个孩子跑到健身房玩起跑步机来。孩子之前可能没用过，正当他埋头琢磨怎么用的时候，妈妈立即跑过来告诉他要打开开关；孩子正在找开关在哪的时候，妈妈马上帮孩子直接打开了开关；孩子不知道如何调节速度，妈妈又自告奋勇地迅速操作给孩子看。

这恐怕是绝大多数家长经常做的事。在他们看来，把所有知识告诉孩子，孩子就变聪明了；指出了孩子所有的毛病，孩子就完美了。更有一些家长走极端，直接帮助孩子出成绩，比如：代替孩子画画、到网上帮孩子拉票。可这让孩子丧失了更重要的东西：

第一，失去获得学习方法的机会。也许上面那个孩子很快就掌握了跑步机的操作方法，但是，孩子只知道"怎么做"，而失去了"如何知道怎么做"的机会。如果我们给孩子自己尝试的机会，孩子在学习如何使用跑步机的过程中虽然耽误了很多时间，但提高了探究能力。更重要的是，孩子思考"如何知道怎么做"是动脑的过程，妈妈教"怎么做"是孩子记忆的过程。前者是在开发智力，后者只是使用现有的智力。当我们过度在意结果的时候，就遏制了智力开发。

第二，失去努力过程的乐趣。孩子原本用玩的心态对待学习和生活，可当我们过分在意结果时，孩子就会担心出现不好的结果，甚至不愿意再付出努力。

让孩子体验后果

70多年前，一个11岁的美国男孩踢足球，一不小心踢碎了邻居家的玻璃，邻居要求索赔12.5美元。当时12.5美元可以买125只鸡蛋。闯了大祸的男孩向父亲认错后，父亲让他对自己的过失负责。男孩为难地说："我没有钱赔人家。"父亲说："这12.5美元我借给你，一年后还我。"从此，这位男孩开始了艰苦的打工生活。经过半年的努力，他终于挣足了12.5美元，还给了父亲。这位男孩就是后来成为美国总统的里根。他在回忆这件事时说，通过自己的劳动来承担过失，使他懂得了什么叫责任。

很多成功者有着在复杂、多变、两难环境下的选择能力，这样的能力来自从小不断承担后果培养出的判断能力。当人们在与环境的互动中学会了承担自己做事的后果，就会选择对自己最有利的。

孩子在大胆尝试甚至冒险时，虽然可能会失败有损失，但也可能会有意外收获。孩子会根据得失逐渐地分层次记忆各种信息，这就是"教育"和"教训"的最大的区别。

很多家长会头痛：为什么自己的子女受到非常良好的教育，也有着比自己当年创业更好的条件，但成就却远不如父母辈呢？其中最重要的就是缺乏对孩子风险管理能力的培养。

孩子早上不起床，我们担心他迟到了被老师批评，所以总是要叫孩子起床。于是在孩子看来，按时起床是我们的事。为什么就不能让孩子自己品尝一下因为迟到而被老师批评的滋味呢？我们帮他避免了老师的惩罚，但孩子将来走入社会后，因为上班迟到、做事丢三落四所遭受的损失一定更大。

儿子上学后，如果学校有什么重要事情需要第二天办，我从来不会去提醒他。儿子每天晚上在我的房间里学习，他经常会一大早又跑到我的房间里来拿东西，尽管前一天晚上已经收拾了学习用品。这表明，他对可能存在的问题已经有了天然的敏感性，这种敏感性就是在自我负责中提高的。

满足现实需要才是学习的最大动力

在跟家长交流中，我遇到的最多问题仍然是这个：甭管学习也好，智力开发也好，首先要解决的是学习动力和学习压力的问题啊。

没错，当下我们应该想办法让孩子主动学，而不是我们被动教，孩子有了主动意识，自然是马不扬鞭自奋蹄。这样的状态多好，孩子自己主动好学了，家长也犯不着天天说教了，当父母的、做孩子的都轻松。

可在传统的学习模式中，只剩下充满功利性的学习压力了，而这样的高压不仅不利于学习，反而遏制了孩子的智力开发。在说到解决方法之前，我们不妨先了解中西方在学习动力理论上的不同，也许对改变我们的教育现状有所帮助。

发达国家的教育理念是学习动力首先来自大自然赋予每个人对生命渴求的本能。为此，很多国家有这样的规定：孩子满18岁，就要自己养活自己。这种为自己负责的意识伴随着他们成长，父母基本上就不需要为孩子学习着急，父母只要给孩子充分选择的权利，孩子自然会找到最适合自己的学习内容，以及最适合自己的学习方法。当人们很清晰地知道如何努力才能达到自己的目标时，伟人们的激励作用就更为实在。在很多西方国家，到处都是各种伟人雕塑，极大地激励着人们去效仿。

而在中国传统的教育理念里，学习动力来自对伟大理想的追求。在封建时代，如果不是通过造反的方式，人们的前途完全掌握在统治阶级手中，作为个人基本上没有什么选择权利。科举考试的内容充斥着统治阶级的价值观，不会顾及个人兴趣和生产力发展的需要，考生不能过问考试内容的合理性。因此，未来做官的前景就成为人们努力的唯一动力，这就是把树立伟大理想作为孩子学习动力的由来。

主动学习和被动灌输的差异

项目	主动学习	被动灌输
学习内容	孩子自己想做的事情	是家长认为要教育孩子的事情
学习内容的性质	会更接近实际生活需要	主要是社会流行的教育内容
学习的积极性	十分主动，效率是被动的五倍	十分被动，效率是主动的五分之一
学习的难度	富有挑战，常常接近能力极限	比较简单，常常重复而枯燥
引发我们的关注	总是为进步而感到喜悦	总是为没有达到要求而沮丧
我们和孩子的互动关系	情不自禁地夸孩子，让孩子深受鼓舞	情不自禁地骂孩子，让孩子备受打击
智力开发的结果	像体育锻炼，极大地提高了智力	像体力劳动，只是消耗孩子的智力
对学习的影响	开始不明显，后来发挥巨大威力	暂时还不错，后劲越来越不足

现在，社会已经给了每个人更多的选择自由，每个人掌握着自己的前途，人们有了现实的需求，但这样的现实需求和伟大理想之间，存在着脱节的现象。就像孩子学习的内容跟现实没有很大关系。尤其是现在上大学越来越容易，大学文凭越来越商业化时，孩子的努力和伟大理想之间也就越来越没有了必然联系。如果我们再用这些伟大的理想作为学习的原始动力，就很难激发孩子学习的热情。

3.4 装傻第三招："我不知道怎么做！"

劳动给孩子带来巨大的成就感

女儿1岁半时，每次小便后，她都会主动倒尿盆。1岁多，正是幼儿自我意识形成的时候，表现出"我自己来"的强烈愿望：宁可自己跌跌撞撞地走，也不要大人抱；宁可自己舞勺弄筷，也不要大人喂。3岁起，孩子就有了独立生活的要求和可能，他们渴望自己动手做事，可是作为父母一般会不由分说地制止类似的行为。我们剥夺的不只是孩子自己动手的机会，更是孩子感受成长、寻求快乐的机会。

我们的父母辈，带几个孩子是很正常的事，他们带孩子的同时还要工作和操持家务。现在轮到我们自己带孩子，光一个宝贝疙瘩就让人感觉辛苦万分。导致这种现象的根本原因就是，我们总是想帮孩子做点儿什么，我们和孩子的联系纽带似乎只有给予和被给予的关系。在生活上尽可能照顾孩子的做法，让孩子的生活自理能力越来越弱化。

在超极少年夏令营中，我们发现很多已经到了上学年龄的孩子还不会自己系鞋带、冲厕所、洗澡，甚至有些孩子吃饭还要喂，穿衣服还要大人帮忙。连这些生活基本能力都不具备，读书还有多大意义呢？

每个孩子都希望在参与大人的事务中体现自我价值，即使是那些成年人认为无足轻重的琐碎家务。父母与孩子一起做家务，可以让孩子感觉父母重视他、爱他、平等地对待他，满足了孩子被爱和被尊重的需要。比如，学龄前的孩子，在成人打网球时，会积极地帮成人捡球。儿子11岁时，我们要搬家，他特别想参与，我告诉他把作业做完就可以参与，孩子比平时更积极地写完作业，乐呵呵地加入搬家大军。由于我们大件都不准备搬，就没有请搬家公司，这样一来，我们用自家车要来回跑很多趟，每次儿子为了争得机会，总是早早地把作业写完。当我让他学习做饭时，他更是兴奋不已。

孩子真正的快乐来自参与现实生活中的事情。家长们所困扰的学习动力问题，其实解决方案就在这里：学习动力来自学习目的，只有对现实生活产生现实需要，才最能激发孩子的主动意识。

在超极少年成长训练夏令营和冬令营中，我们时常设计跟现实生活有直接关系的活动，孩子们往往表现出空前的热情。比如做饭、包饺子、做风筝、推销商品、社会调查、参观企业，等等。他们对这些事情的兴趣不亚于玩电子游戏和玩具，因为这些事情都能直截了当地让孩子体验到自己的价值。

劳动给孩子带来真正的智慧

现在的年轻父母们为了孩子的早期智力开发费尽心思，不惜重金将孩子送到知名的早教机构、特色班，而忽视了一种最简单、最有效的益智方法——劳动。著名教育家陶行知先生说："人生两件宝，双手和大脑。"动手和动脑是相互促进的。有人问我，在那个大学生凤毛麟角的年代，你怎么就考上北大了呢？我想这还真是受益于我从小做家务活。

小学时候，我和哥哥已经学会自己做饭，冬天取暖的煤饼也是我们自己做的。上中学的时候，我迷上了木工活，我家有一套木工工具，修理柜子、自己做板凳、刷油漆对我来说是再简单不过的事儿。

不断地尝试种各种不同生长方式的植物，成了我和哥哥最大的娱乐。我俩把向日葵、丝瓜、南瓜、豆角、洋姜、韭菜、土豆、蓖麻等一一种了一遍做实验。

家里的机械钟也被我和哥哥拆了装，装了拆。我们家的钥匙也是我买了钥匙胚自己配的，我还把锁芯拆下来，重新组合出跟原来不一样的锁和钥匙。

在那个年代，父母很少给孩子买玩具，很多玩具都是我们自己做的：风筝、滑轮车、陀螺、铁环等。我和哥哥还琢磨过自己组装收音机，到商店买回各种元器件，照着书上的图纸装。印刷电路板都是我们自己做的。记得当时到化工店买三氯化铁来腐蚀覆铜板，化工店没有现货卖，但店员答应帮我们订货。商店买回来一大桶，可我们只要了一瓶，后来每次路过那个化工店，都看到那一大桶三氯化铁，几年后还在那里，大概就我们买过那一次。

这些只是我能想到的一部分，当时这些事情都不是大人硬性要求，而是兴趣使然。做这些事情对我和哥哥以及那个年代的孩子的成长起到了关键作用，我也很感激父母在物质贫瘠的年代给予我们足够的自由和信任。现在的父母们，苦求各种早期智力开发方法，其实真的应该尝试让孩子在劳动中开发智力。

劳动让孩子懂得了人生的意义和学习的目标

让孩子参与劳动不只是尊重孩子意愿，更是要唤起孩子对世界万物的兴趣。大量的"稀奇古怪"的问题便是孩子在劳动中产生的：为什么熟的毛豆比生的好剥？为什么饺子、馄饨熟了会浮起来？为什么鸡蛋一摔就破，可是用力握却不会碎呢？这些疑问都充满了科学知识。一个从来不劳动的孩子，不会有这么多疑问产生，也失去了学习机会。

在一个民主化的家庭里，每一个家庭成员的地位是平等的，都是家庭的主人，享有同等权利的同时也应该都尽到自己的义务。而参加家务劳动，就是对家庭尽义务的一种方式。让孩子经常参加家务劳动，会使他们慢慢地体会到"家是我的，我要为家做点事情"，潜移默化中有助于培养孩子的家庭责任感，进一步培养他们的社会义务感和责任感，而这样的品质同样会影响孩子将来学习、工作、事业等方面。

"一屋不扫，何以扫天下？"一个人如果连家庭义务感和责任感都没有，还怎么谈得上有社会义务感和责任感呢？

我们苦恼于让孩子明白学习的目的，其实让孩子做家务就是很好的训练方式。因为做家务是孩子所有可以做的事情当中最接近未来工作的。而学校标准答案式的学习跟未来工作相差很远。

如果说教育的目的是为了让孩子幸福，从小不做家务的孩子，长大之后又不得不面对各种家务，能幸福吗？如果说教育的目的是为了培养生存能力，孩子家务都不会做，还能说有生存能力吗？许多家长会用劳动来惩罚、威吓做错事的孩子，殊不知，这与我们所说的劳动教育思想是相违背的，只会使孩子对劳动产生错误的认识，认为只有干了坏事、错事的人才该劳动，甚至鄙视、厌恶劳动，那么，以后再怎么说劳动光荣、要热爱劳动都无济于事了。

现在的孩子在小学阶段配有生活老师，他们负责孩子的吃饭、卫生和午休，这些本应该由孩子自理的，为什么不能让孩子自己来？这样只会给孩子一个错误的信号，就是将来要在社会上立足，只要按照大人的要求做就是了，不需要自己思考应该做什么。

3.5 互动式智力开发

尽量给予孩子互动的机会

互动式智力开发应该符合两个要求：一是有现实意义，二是结果对努力有促进作用。

朋友在德资企业上班，来了一批实习生，有德国学生也有中国学生。在短短三个月实习期后，朋友跟我感慨：中国大学生的实际工作能力太缺乏了！同样的工作岗位和工作内容，负责仓库的德国学生两个星期后就整理出一份极有分量的工作报告，指出公司存在的问题，并提出自己的建议。反观我们的学生，他们擅长理论求证，但缺乏发现问题的能力。这其实和我们的孩子从小缺乏互动式学习有关。

如何与孩子进行互动式学习呢？下面两点也许可以给父母们启发：

第一，学习内容上的互动。比如背笑话比背唐诗更有效率，因为孩子给别人讲笑话，就可以验证笑话是否可笑，自己讲得好不好；学烹饪比学小提琴更容易引起孩子的兴趣，因为烹饪的结果是继续学习的最大动力；搞体育比搞舞蹈更激发智力，因为胜败能够激发更多的思考；选择诸如机器人、模型、围棋、绘画等会比选择奥数、钢琴等课程更有效率；选择羽毛球、跆拳道，会比选择举重、跑步、武术更有价值。

孩子也可以通过与环境的互动去学习，与环境中能听到的、看到的、摸到的、闻到的一切事物互动。这个世界上不需要动手的事情极少，也正因为如此，人类在进化过程中，沉淀下来对动手做事的极大兴趣，例如幼儿总喜欢乱翻、乱摸。有一次放暑假我给儿子布置了两个任务任他选择，一个是手工制作，用木板制作一个小鸭子；另一个任务是写20道数学题。前者没奖励，后者有奖励。儿子选择做手工制作。在大人的监护下，只要没有造成危险，我们要尽量满足孩子动手的欲望。

第二，学习方式上的互动。比如，语文和英语学习，都应该通过对话和沟通提高表达能力，像讲笑话或者推销产品的形式就比口才训练、背课文、听录音带等学习方式更好。在我们超极少年成长训练营中，经过一些讲笑话和推销产品等课程的训练，孩子们的灵气明显提高。我从来不让儿子背课文、听录音带，学校安排的，能避免尽量避免。

竞争性和互动性

在我们生活中，竞争不可避免，不管愿意不愿意，每个人都必须面对。物竞天择，适者生存。学会竞争已经成为孩子生存的必要条件。因此，父母要鼓励孩子平时多参与各种高竞争项目，帮助孩子建立竞争意识。竞争不一定要"第一"，但以此培养出的良好品质却是孩子将来面对竞争时必须具备的。高竞争项目有这样一些特点：

第一，竞争无时无刻地在发生。竞争可能天天发生、时时发生，如果不及时纠正自己的错误就意味着失败。这就让孩子从小养成在训练中不断地总结自己、分析对手的习惯。

第二，高竞争项目好坏的标准很简单。或者以直接战胜对手的方式评判胜负，比如下棋；或者以一个数值标准，比如体育比赛中的时间、长度和重量等来判定好坏。为啥世界500强企业的CEO当中70%出身于营销？其中有个重要原因，营销的考核指标很简单：销售额和回款率，这就给营销员很大的压力和动力。

第三，实现目标的方法多样化。这对创造能力的培养非常有利。比如，在跆拳道的比赛中，虽然可以运用老师所讲的各种腿法，但针对不同的对手完全可以采用不同的策略，这要求选手根据当时的情况做出判断，并没有必然的取胜之道。

相比之下，那些评定标准复杂的学习，如果没做好，孩子们很容易找出诸多理由来为自己开脱。这样使孩子在学习的时候更多地关心如何符合标准，而不是实际能力的提高。学校教育传授的知识有标准答案，但现实社会又充满了人与人之间的直接竞争。所以我们最好利用业余时间，让孩子学习选择直接对抗课程，让他们适应直接对抗，习惯直接对抗，从而对直接对抗不恐惧。儿子选择的是跆拳道和羽毛球，当时他的体质非常差，这个选择意义就更重大了。如果再搞什么奥林匹克数学、剑桥英语之类的课程，可能会使孩子畸形发展。

犹太人成功的奥秘——经商

有个孩子学习成绩很好，因此养成了骄傲的性子，平日总是以高人一等的态度对待人，还喜欢指挥别人。这样他就是在自己的周围树起一道无形的"墙"，与外界有了隔膜，心胸变得很狭窄。孩子家长意识到这个问题时情况已经比较严重了，于是就问我解决之道。我提议，学习经商是克服孩子骄傲的最好方式。因为经商最重要的特点之一就是和环境双向互动。

● 经商是一个了解人、关心人的过程。因为产品面对的是众多的客户，不同的人对同一个物品的需求和感受有很大的不同，要成功地交换，孩子不仅要强调物品本身的价值，同时还要了解客户的要求。利益的驱使会激励孩子去主动地了解别人，关心别人。

● 经商可以培养观察能力。观察客户的反应在销售中也很重要，孩子必须学会察言观色。在销售过程中，即时的反应直接影响最终的结果，也更容易让孩子提高察言观色的能力。

● 经商有助于建立广泛的人脉关系。销售能力和长期积累的人脉有直接关系，在实践中，孩子的人际交往能力和人际关系网会越来越成熟，越来越有利于个人成长。

● 经商有助于培养具有抓住机遇的能力。对于很多人来说，机会是可遇而不可求的，但懂得营销的人认为，机会不仅可以争取，而且无处不在。这种能力与天赋没有太大关系，而与教育导向有关。

王永庆、李嘉诚、比尔·盖茨等低学历者为什么会那么成功？就是因为他们从小学习经商，经商不仅是一门实用的技能，也是很好的智力开发课程。在传统教育中，培养孩子经商完全是空白点。

"卖东西"活动是超极少年夏令营和冬令营的保留节目。我们让孩子在火车上、在热门旅游景点卖东西，至于卖什么，完全由孩子们在入营前自己准备好。有些家长总爱揽事，帮着孩子采购东西，但家长采购的东西往往没有孩子自己选购的东西好卖。每次刚上火车，我们老师话音还没落，很多老营员就坐不住了，活跃在各个车厢，可见孩子有多么喜欢这个活动。像这些能够给孩子带来快乐，又能培养孩子真本事的课程，为什么非要排除在孩子的学习之外呢？

3.6　体验教育的安全问题

孩子可能遇到的危险

我们习惯把孩子的时间全部安排来学习，即使有空余时间，也是把孩子关在房间里玩玩具，不肯让孩子参与到家庭事务中来。这使得孩子的行为与现实生活越来越分离，这其实是一种变相逃避风险的做法。每个孩子都需要父母温柔的爱和保护，可是当保护前面加上"过度"二字，我们就应该提高警惕了。与其过度保护，不如培养孩子自护。

孩子在成长过程中可能遇到哪些危险呢？

第一，伤害。1岁的孩子拿笔或者筷子可能会戳到眼睛；3岁的孩子操作电器可能会触电；让孩子切菜，可能会切到手；让孩子做饭，可能会烫伤；让孩子自由旅行，有可能走丢或者被拐卖。而玩玩具和课程学习不存在任何危险，玩具的设计者首先要确保没有安全问题。这样一来，孩子学习或者玩玩具的过程，就不需要我们监督了。

第二，损失。年幼的孩子自己吃饭，有可能把饭撒在外面，还可能打烂碗。1岁的孩子操作遥控器，敲打电脑键盘，有可能损害这些物品。而玩具往往设计得非常牢固的，不容易损坏。孩子学习语数英也好，学习下棋、画画、弹琴也好，都不会造成财物的损失。其实玩具也是要花钱的，只不过我们在买玩具的时候，认为那是爱的体现，没有意识到也有钱的"损失"。

第三，失败。大人们总喜欢向孩子灌输知识，以为可以让孩子更快地学到做事的方法。小学生的学习往往很简单，考试成绩常常接近100分，孩子总能"成功"。孩子玩也容易"成功"，即使第一次失败了，再来一次，仍然可以达成目标。孩子逐渐建立起了"成功才快乐"和"失败必悲伤"的价值观，使得孩子在做事之前有强烈的选择性：凡是可能没有好结果的事情，尽量逃避。

然而，孩子玩玩具和游戏不需要对结果负责，加上大量的玩具可供选择，会造成孩子浮躁的心态，每个玩具随便摸摸就没有兴趣了，长期下去会形成注意力不集中等学习障碍。所以，别再以爱的名义给孩子购买太多玩具了，那其实是害了孩子。

培养孩子对行为后果的判断力

儿子一直坚持跆拳道训练，而和他在同一训练馆学习的，极少有孩子能够坚持下来，有些孩子甚至练了七八年后放弃了。从家长那里了解到的原因就是孩子经常被踢伤，严重的还会骨折、缝针。这时候我才发现，儿子在训练时很少受伤。难道他跆拳道的防守能力比其他同学更强？其实并不是这样，每次当他意识到对手实力很强有可能伤害到他的时候，他会提醒对手，不要用太大力。

如此简单的道理，为什么其他孩子没想到呢？这就是责任意识的差别。儿子刚开始练跆拳道，我就告诉他，无论今后受多大伤，伤好了还得练。可很多家长在孩子被踢伤后，往往终止了训练，极尽安抚和照顾。这等于是告诉孩子，受伤是因为家长让他练跆拳道造成的。

有个因孩子受伤而焦虑的家长打电话和我商量，能不能建议老师别让孩子和强手训练。我对这个家长说："这个事情为什么不能让孩子自己去想办法处理呢？"

安全问题是影响孩子智力开发的重要因素，甚至是最重要的因素。因为既然倡导体验教育，就意味着孩子可能要直面危险。我们要做的是提高孩子的安全防范意识和能力，而不是直接让孩子避开所有风险。

孩子应该渐渐养成对行为后果的判断力，如果不能亲身体验，所有可能的结果都是由别人告诉的，那孩子永远都不会有判断能力。诺贝尔在发明炸药时差点被炸死，人类的好奇心如果因为安全的需要被完全遏制，那人类就永远止步不前了。现在很多学校里单双杠都没了，就是被一些极端案例给吓住了。为了极端的小概率事件去遏制孩子天生的好奇心，只会剥夺孩子的快乐，阻碍智力开发。

以安全之名剥夺孩子成长机会

孩子的成长需要更多自由的空间，我们心里明白这个道理，但是又难以忍受孩子受到一丁点伤害。当孩子的行为偏离我们设定的轨道时，我们就会坐立不安。从理性思考和现实要求来说，我们不能不给孩子自由，但是很多父母以安全的名义剥夺了孩子的自由，也就剥夺了孩子成长的机会。

比如，孩子要到楼下玩一会儿，父母若是希望孩子多花一点时间学习，就会以楼下不安全为由拒绝孩子的请求。有个来超极少年成长训练营的孩子，已经上一年级了，却连对离开小区都感到非常恐惧，还有严重的社交障碍。这就是父母采用不恰当的教育方式造成的。

比如，孩子想吃麦当劳或者肯德基，可父母不喜欢吃，就以垃圾食品为由，坚决不让孩子吃。然而，生活中的食品安全问题要远比麦当劳、肯德基的问题大得多，我们却视而不见。

如果让孩子独自旅行，我们担心孩子会被拐卖。我们可以安心坐车，安心走在街上，为啥就不能安心让孩子独自旅行呢？如果要较真，待在家里就安全了吗？不是还有孩子在家玩火引发火灾、孩子坠楼的报道吗？

在发达国家，父母们经常会鼓励孩子进行一些具有冒险性质的活动。比如，攀登那些没有路的山，通过让孩子直接面对各种危险来提高孩子的抗风险意识和能力。如果真的出现了什么意外，极少父母会将责任推到这些活动的主办方身上，而是检讨孩子在意外出现时应对能力不足。而当下我们孩子如果在学校出一点意外，这个学校就要遭殃了，以至于现在学校尽量避免做任何有风险的事情，比如，拆除单杠、双杠等运动器材，甚至课间不让孩子随意跑动。这样长大的孩子反而更可能陷于危险之中。

如何积极面对安全问题是我们每一位家长都要学会的，我想把卢梭《爱弥儿》里面的一段话送给大家："我非但不小心谨慎地预防爱弥儿受什么伤，而且，要是他一点伤都不受，不尝一尝痛苦就长大的话，我反而会感到非常苦恼。忍受痛苦，是他应该学习的头一件事情，也是他最需要知道的事情。似乎，孩子们之所以如此弱小，正是因为总要他避免任何危险的教育。即使孩子从上面跌下来，他也不会摔断他的腿；即使他自己用棍子打一下，他也不会打断他的胳膊；即使他抓一把锋利的刀子，他也不会抓得太紧，弄出很深的伤口。除非人们漫不经心地把孩子放在高高的地方，或者让他独自一人坐在火炉旁边，或者把危险的器具放在他可以拿到的地方，否则我也从没有听说过一个自由自在的孩子会把自己弄死了，或者弄残废了，或者受到很重的伤了。有些人用各式各样的东西把孩子围起来，预防他受到任何伤害，以致他在长大后一有痛苦便不能对付，既没有勇气，也没有经验，只要刺痛一下便以为就要死了，看见自己流一滴血便昏倒过去。"

控制风险，而不是逃避风险

莫说孩子，其实人的一生当中哪里能完全避开风险呢？吃饭被呛着就从此再也不吃饭了吗？走路不小心摔倒了就从此再也不走路了吗？这样浅显易懂的道理，父母们在面对自己的孩子时就变得糊涂了。我们要教给孩子的，不是逃避风险，而是如何面对风险。我们不可能跟在孩子后面一辈子，只有教会他面对困难，才是真正为他好。

使风险在可控范围内，让孩子自己独立面对风险，这是最好的教育形式。

● 让孩子直接承担风险。儿子2岁时，他看到肥皂后非要吃不可，不给他吃，他就会哭闹。我没有强行制止，而是让他自己尝一尝。发现肥皂没有想象的美味后，儿子再也没去尝。比如孩子尝试着做夜宵，把厨房搞得一塌糊涂，我就让孩子自己打扫厨房。我们经常会为了孩子穿衣服的事唠叨，其实孩子穿错衣服又能怎样？无非生病，生病需要打针吃药，遭到损失和伤害最大的是孩子，孩子经历了挫折才会更有责任心。

● 替代孩子承担风险。在孩子没有承担风险的能力时家长替代承担。比如：幼小的孩子没有吃饭的能力导致食物浪费，我们接受；孩子乱翻东西而没有收拾能力，就帮他收拾。这种替代可以保护孩子的学习热情。但是，如果孩子把别人的车玻璃打碎了，我们照样全部为他的闯祸买单，孩子就可能有下一次。因此，我们要让孩子用自己的钱承担一部分责任，并随着年龄的增大，逐步增大承担的比例。

● 降低风险再让孩子承担风险。比如，小孩喜欢爬树，可以让他在比较低的高度多爬，体验摔下来的滋味，加上训练孩子的爬树能力，就会避免从树上高处摔下的风险。我们如果担心孩子不小心掉进没有井盖的下水道，不妨经常带孩子到小溪边的乱石小路行走，即使看到没有井盖的下水道，也是不动声色，故意把孩子往那里引，等到孩子真没有意识到，再抓住不迟。

● 增加风险再让孩子承担风险。很多风险的后果不会马上直接呈现出来，比如孩子对人不礼貌、偷拿别人东西、不讲卫生、坐车不愿意系安全带等。我们可以对这类行为进行人为惩罚。

● 消除风险根源。这是针对不能直接承担后果，风险又难以降低的事情而言。比如，我们不用禁止幼儿碰杯子，只需要把玻璃杯换成塑料茶杯就可以了。又比如，把所有电源都有加上适当的保护。

随着孩子能力的提高，我们要逐步增加他对后果的承担程度，这样就会加速孩子的成长。幼儿期完全由我们承担后果，到青春期后则应完全由孩子自己承担后果。比如，孩子最初翻乱东西，我们替他收拾；等大一点后，就要规定他要自己收拾；等再大一点，孩子搞坏的东西要用他获得的奖励作为赔偿；再大一点，他的娱乐消费要自己承担。这样，孩子的独立生存能力和意识就可以逐渐培养起来。

3.7　如何约束孩子的行为

用民主和法治的手段管理孩子

中国围棋界划时代的人物聂卫平，在"文革"之前就已经是小有名气的棋手，但距日本围棋顶级水平选手还是有很大差距。"文革"开始后，国家围棋队解散，聂卫平被下放到黑龙江偏远的农场插队。当地的条件十分艰苦，差不多六年时间，聂卫平没有什么下围棋的机会。也正是这样艰苦的环境，造就了他钢铁般的意志。他恢复训练仅一年多，棋艺水平大大超过插队之前，第一次跟日本围棋界巅峰对决便超水平发挥。这一事例表明，智力开发并非只受智力开发模式的影响，生活环境的影响甚至会更大。

在物资匮乏的年代，如何争夺物资，不仅是大人要考虑的事情，也是孩子必须参与的。比如等父母下班回来再去买菜，那就基本上买不到了，我们在小时大多要承担买菜的责任。处理这些问题提高了我们步入社会后应对就业岗位竞争的能力。现在的孩子很少有这样的学习机会了，他们在学校所经历的竞争与社会竞争有很大的不同。

有一次，儿子在学校把语文书丢了，我让他好好找，孩子漫不经心地说都已经找过了。我就告诉他，找不到没事，得自掏腰包补回来。结果第二天他就把语文书找回来了。

好的教育是做的，而不是说的

我们都说，智力开发就是要给孩子充分的自由。可很多家长尝试着给孩子自由，却发现孩子把时间都花在玩上了，根本没有心思学习。当我们允许孩子犯错误的时候，发现他们会对什么后果都不在意。不得已，家长们又回到了传统专制的教育老道上来。

为什么会出现这种情况？家长"闭嘴"，只是在形式上脱离了专制教育，还必须得有替代传统教育的方法，才能真正做到"闭嘴"。当犯错的自然后果不足以教育孩子的时候，我们可以设计人为的后果。比如，孩子对完成作业不上心，那等周一上学的时候，孩子就会遭受老师的惩罚，我们完全没有必要不断地提醒，甚至为此焦虑。

孩子当然可以支配自己的时间做他喜欢的事，但是前提是必须完成大人规定的任务，而且两者之间有定量的关系。这样就把消极因素变成了积极因素，实现我们和孩子的双赢。事实上，我辅导孩子时发现，如果孩子游玩需要付出代价，他就会变得自律。

学会如何给孩子提要求

一位家长在我这取经后满心欢喜地回去实施教育大计。一个月后他愁眉苦脸地跑回来找我："顾老师，您这法子不管用啊！"原来这位家长觉得上小学的孩子做事很不自觉，每天作业都拖到晚上10点以后才完成。实施奖罚制度之后，依然没有什么实质改变。我仔细了解过情况后告诉家长，其实孩子学习成绩不差，没有必要写那么多作业，孩子对作业已经没有兴趣，应该给孩子安排一些更有意义的学习。

新型的智力开发，要求我们必须改变家长专制的文化，建立民主文化。这里就涉及一个问题：真民主还是假民主呢？您对孩子提出的要求合理吗？怎么来判断呢？

在真正民主的氛围中，对孩子的教育和对孩子的管理是有区别的：在教育上，真理面前人人平等；在管理上，是管理和被管理的关系。但在专制文化中，两者不分，在我们跟孩子传授知识、讲道理时，孩子只有接受的份儿。管理并不是把我们对孩子的要求白纸黑字写出来互相按了手印就好了，而是要审视我们对孩子要求的内容，让他们更愿意接受。

多理解孩子"犯错"并不等于纵容"犯错"。家长得搞清楚应该要遵守什么、宽容什么。首先明确什么是对孩子的刚性要求，什么是可以放开让孩子尝试的。孩子和我们的冲突往往也是因此而起。比如，孩子自由恋爱，我们会干涉，但这本应该是孩子自己的权利。而有些本应该严格要求的，却没有能够严格要求，比如，孩子在兴趣班的选择上十分随意，养成了随意放弃的习惯。

那什么才是最合理的界定标准呢？

有个非常简单的办法，把孩子独立生存能力和适应社会能力作为唯一标准，那就百分百不会出错，而很多家长习惯以学习成绩为标准，其实并不合理。依照此标准，我们干涉孩子选择对象就不符合约束孩子的标准，帮助甚至代替孩子选择，只会让孩子失去选择能力，他们将来在其他选择上可能还是会犯错误。

在实施了家庭奖惩制度之后，如果孩子依然不愿意做我们安排的事情，那最大的可能就是我们所安排的事情不对。因此家长们要学会对孩子提出合理的要求。

奖罚制度不是权宜之计

有一次跟家长聊天，他说跟孩子定了规矩，可小孩新鲜劲一过就完全不按规矩来了。这个时候电话响了，家长接通电话："什么？！这次还降了5名！扣他10分，这周末答应去动物园玩的事儿也给他取消了。我就不信还治不了他……"

　　我一下明白这位家长的奖罚制度为什么难以生效了。

　　要想让奖罚制度有效，就不应该让它作为传统教育的补充形式，而要成为我们管理孩子的主导形式。奖罚制度不是简单地对孩子的表现予以肯定或否定，更重要的是要共同遵守规则，而不是由家长或孩子的情绪来主导。

　　真正的奖罚管理，首先应该把我们长期无偿给予孩子的东西都"收回来"，不仅是玩具之类的实物，也包括游戏时间，孩子只有表现好了才能得到这些。奖罚制度应该培养孩子勤劳致富的意识，避免出现不劳而获现象。以管理成人的方法去管理孩子，才会真正产生效果。

　　即使我们实施了奖罚制度，仍然会有孩子不按要求做的情况，需要注意的是，孩子需要承担不按规则做的后果，而不是家长肆意发泄情绪。这就意味着，违规依然对孩子有教育意义，甚至教育意义更大。我们不是为了消灭孩子犯错误，而是逐步降低孩子犯错误的频率。

　　在这里家长们遇到的另外一个难题就是：如何协调学校的学习。孩子的作业很可能已经超出了他们的实际承受能力，每天花费大量时间写作业，孩子基本上没空再去做其他事情。当孩子长期处在被动学习下，智力就得不到充分开发，反而影响学习效率。我们不妨对孩子在学校的学习完全放手，让他们自己掌控，只通过奖罚手段控制孩子作业完成情况。比如，针对作业我就对儿子这样规定：语数英三门都得A，奖励8分；两门得A，奖励4分；一门得A，奖励2分。一门得D，或者没写，扣1分。这样规定之后，儿子是否写作业，我就不管了。如果有一天儿子宁愿扣分也不想写作业，说明他真的累了，我没有必要强迫他。

　　刚开始尝试放手时，家长们可能会担心孩子失控。但从儿子的成长以及我辅导过的孩子的成长来看，他们非但没有失控，反而有了更多时间做益智的事情，变得更加聪明，做作业时间也更短了。

对孩子要进行清晰化和定量化的管理

● 对孩子要求要具体，不能有模糊的空间。我们常常规定孩子做事不能拖拉，对人要有礼貌，胆小要大一点，等等。把这些模糊的概念列在奖罚制度里最容易引起争议，经常是我们认为没有达到要求，孩子却认为做到了。

不妨这样规定，孩子20分钟内吃完饭，见了叔叔阿姨要叫人，能够完成爸妈设计的挑战项目……把要求清晰化、定量化，才会避免我们和孩子在是否达标上产生分歧。

● 奖罚要分层次。要建立积分管理制度，就得在孩子的努力和奖励之间建立起定量的关系。比如孩子得95分才可以出国旅游，否则就不行。那94分和0分是一样待遇，显然不符合分层次的概念。对我们最期望解决的问题，可以使用奖励多一点或者处罚多一点的办法。但有一个原则：针对能力问题我们要多奖励，针对态度问题要多处罚。此外，对孩子的要求也要有一致性，当孩子犯了同样的错误，不能根据心情随意处理，否则孩子每次犯错误都会有侥幸心理，反而会导致我们对孩子采取强硬手段的频率增加，但又没有起到纠错的作用。

● 限定管理项目的数量。"一把抓"的效果往往不太理想，我们不妨一个时期只关注几个项目，把孩子的问题分阶段纠正，孩子的进步就会超乎寻常。

在实行智力开发的前期，可能即使孩子愿意参与，也会因为作业量大而没有时间进行智力开发。那我们不妨做一些硬性规定，比如每天至少保证有3个小时不是在做学校的作业。如果孩子能力达不到，就主动减免孩子的作业。儿子小的时候，作业量超过他的承受范围，后来我干脆给老师写条子，要求老师不能因为不写作业惩罚儿子。

在实施定量化管理的时候，有个非常重要的概念，就是投入产出比。如果孩子考95分需要每天学习10个小时，但考90分每天只需要学习5个小时，那我们宁愿孩子学习5个小时。不要看见孩子玩就闹心，孩子即使把时间全部用在学习上，也不见得成绩能提高多少。孩子所有的时间都在学习，仅仅是满足了家长的愿望，却养成了孩子做事故意拖拉的坏习惯，容易造成严重的亲子对立。

多用鼓励而不是惩罚的办法达成目的

有个孩子是所有小孩的天敌，他几乎无处不在、无所不能，总是比我们的孩子优秀，他叫"别人家的孩子"。没错，我们总是看到自家孩子的不好，不停地唠叨，结果就是使孩子怀疑自己的能力，甚至出现逆反情绪和自暴自弃的情绪。我们不妨转变观念，多用鼓励和奖励代替批评和惩罚。

比如，孩子不能按时起床或者吃饭时间太长，我们不妨在孩子能够达到要求的时候给予奖励和表扬，而不是在没有达到要求的时候给予惩罚和批评。用这样的方法，孩子的问题很快就得到解决。当孩子习惯养成后，可以将原来奖励的项目变成惩罚的项目，并提出要求更高的奖励项目，孩子就会持续性进步。

用奖励代替惩罚的做法可以迅速调整我们的心态，给孩子最大的激励。我们接到老师的投诉电话时会怒不可遏，这个时候不妨转变一下想法：孩子在学校已经被批评了，再批评就是对孩子更大的打击。

但孩子被投诉了总不该表扬吧？这个时候我们要区别对待。低年级的孩子经常因注意力不集中，上课不听讲、说话、做小动作等问题被投诉，这属于能力问题，能力问题的改善需要时间，我们依然可以用奖励代替处罚。孩子如果一周平均被投诉五次，我们告诉孩子只要他每周被投诉次数低于五次就给予奖励，这样孩子纠正问题的难度就会降低，也就愿意付出努力。

另一种方式则是以结果为导向，就是根据考试成绩来定奖罚。家长们都希望孩子拿满分，并以此为奖罚标准，但这显然不合理。如果孩子平均成绩只有70分的水平，那我们在孩子超过70分就给孩子奖励，而不是到了我们心目当中的100分时才给。只有这样做，才能保证孩子后来居上，而不至于自暴自弃。

奖罚倾斜可以导入更有价值的学习

孩子长期在传统教育模式下养成了很多不良的习惯，比如对劳动完全失去了兴趣，这时候我们就不能完全由着孩子自由选择，需要借助一定的外力，让孩子接受一些更有价值的学习。最好的办法就是把我们的奖罚向我们认为更有价值的学习上倾斜。

儿子上小学的时候，学习和身体状况都不是很好，我把体育作为努力的重点。当时孩子体育最差，也最不愿意做体育项目，我把80%的奖励项目都跟体育挂上钩。虽然用这种方式进行刺激，孩子体育锻炼是被动的，但收获却是巨大的：孩子不仅身体状况有了根本的改善，优异的体育成绩也让他有了信心，间接地影响了学习成绩。

让儿子学习营销，一开始他也是极不愿意，但在奖励的诱惑下，还是迈出了第一步。等有了实实在在的收获时，孩子不需要我专门的奖励，也会自觉去做。当我规定赚1000元奖4000元时，他干劲儿可足了。在营销过程中，儿子不仅营销能力得到提升，社交能力也突飞猛进。

"超极少年"辅导过的家庭里，有孩子长期不做家务，对家务有厌恶情绪，当家长把对孩子的奖励主要设置在做家务上时，孩子的喜好很快就发生了变化。

3.8　智力开发如何与传统学习接轨

给孩子一把钥匙

有一次去朋友家玩，看到朋友的孩子端坐在书房，专心地看书，就随口问："你念这么多书干什么啊？给谁念的呀？"孩子撇撇嘴说："先给我爸爸念，再给妈妈念，再给奶奶念，再……"我打断他问："你不给自己念吗？"他头一扬，很干脆地说："不给，我又不喜欢念书！"

现在很多家长抱怨孩子做作业磨蹭，总是要妈妈陪、要爸爸催。这其中，缺乏学习的主动性和独立性是最重要的原因。

首先，我们无论如何都要在孩子的心中建立学习是他自己的事情的意识。怎样把"学习是自己的事"这个观念灌入孩子的脑子呢？这就要求我们用管大人的方法去管孩子，通过间接的方式引导孩子去完成学校和兴趣班的任务，而不是紧盯着孩子必须完成任务。

其次，我们要区分技能学习和智力开发这两个概念。技能学习只是智力开发的一种手段，并不等同于智力开发。学什么，怎么学，都是围绕着智力开发来的。一方面，在兴趣班的学习中，尽量为孩子选择那些有助于开发孩子智力的课程；另一方面，在学校的学习中，我们不要规定孩子必须考多少分。

提到考分，很多家长会言不由衷地说，不在乎孩子多少分，只要把学习习惯养好。这其实是更可怕的要求，好的学习习惯要及时完成老师的作业吧？可老师的作业大多超出了孩子的实际承受能力，即使完成了那么多作业，未必对提高成绩有帮助。我们要求孩子养成好习惯，在本质上是要求孩子服从。当我们放手时，就没有什么必须完成的要求，只要通过奖罚措施引导孩子自己选择写还是不写。

学习内容的选择胜过学习本身

儿子出国后，有很多机会选择自己喜欢的课程。让我欣慰的不仅是国外学习环境的宽松，更重要的是孩子已经有了选择判断能力，并努力为自己的选择负责。很多人会指出，你的孩子出国留学就解决所有体制教育弊端带来的问题了，但是我们这么多人的孩子依然在体制内学习，你所提倡的方式是不是适应这种教育体制呢？

其实真正的问题在于家长的教育理念。我们对孩子只有提高成绩的要求，而没有给他们选择学习内容的权利。跑错了跑道，跑得再快，也无益。培养选择能力是智力开发的重要内容，孩子如果不具备这样的能力，即使有宽松自由的环境，他也会茫然无措的。

我在报考大学的时候，父亲希望我学电子，可我选择了生物。但由于种种原因，最后我还是学回了电子。为什么我走了弯路，儿子却没有走呢？因为从儿子小时起我就一直在培养他选择判断能力，当孩子越来越在重大事情上自己做主时，更容易找对方向。

有些家长会说，那么小的孩子根本不知道要学啥，多教点东西给他们总不会错吧。要知道，好奇心、求知欲是人类乃至所有高等动物的本能，这种本能应该得到释放和引导，这才是我们家长应该做的。我们一开始可以适当地替孩子的错误买单，随着孩力的成长，不断减少买单。

就这个意义来说，九年制义务教育完成后，是否继续上学也应该让孩子自己选择。最好的学习是在工作当中学习，尤其是在市场经济大潮下，很多大学匆忙建立起来一些学科，在课程内容上空泛。学习的目的只是交给孩子一把钥匙，让他们开启真正的人生之门；而不是拿到一纸毫无实际价值的文凭。

触类旁通，举一反三

著名围棋手聂卫平做过这样的实验，他在几所中学普及围棋，几年后调查发现，那些学习下围棋的孩子，考试的平均分数比没有学围棋的高出10分不止。显然下围棋提高了孩子的智力！学习内容不应只是局限于学校里传授的学科知识。爱因斯坦就曾说："我的小提琴水平，要比我在物理学上的水平更高一些。"

这个世界上林林总总的学科，从方法论上和原理上来说相互交叉、相互渗透，甚至科学和艺术在原理上都存在相通性，在思维方式上具有共性。比如，西方的科学、哲学、艺术、音乐等几乎所有领域都经历了古典主义时期、浪漫主义时期和现代主义时期。在这些时期不同领域的思维方式惊人地相似，许多在自己擅长领域取得成就的大师，都为自己在其他领域中所汲取的养分而感叹。著名画家达·芬奇不仅是个画家，也是数学家。

一些综合素质高的人，他们在学校的学习成绩也许并不突出，但他们有很强的解决问题能力，而具备这种能力的人多有广泛兴趣和博学。他们博览

群书不只是学到了知识,更在这几个方面得到极大提升:

发现书与书之间矛盾之处,激发独立思考的意识;

从不同的知识中提炼出共同的思想、方法和规律;

在渊博的学识中获得应付各种问题的必要知识;

为变通提供更多的选择,也只有更多的选择,才有可能形成更好的方案。

不要打击孩子的求知欲

幼时我父亲每天晚上会给我们讲故事,这些故事有些是世界名著改编的简写本,比如《汤姆历险记》《大人国与小人国》《格列佛游记》《爱丽丝漫游仙境》等。有些是中国的古书,比如《东周列国志》。这些书让我对阅读产生了浓厚的兴趣。到了初中,我又从邻居家找到了《三国演义》和《水浒》,每读一章就给同学们讲故事。同学中没有几个人懂古文的,很多人都愿意听我讲故事,这更是我继续读书的动力,经常看书看到午夜之后,一本接一本,乐此不疲。现在的孩子接触信息的渠道和方式比我们那个年代更多了,但是他们的知识面却十分窄,在某电视台举办的知识竞赛中,一位清华大学的学生竟然不知道秦始皇兵马俑在哪个省。

形成这样的局面,跟整个社会风气有关。孩子读书已经变得越来越功利化,甚至只会死读书了。有个家长对自己读六年级的孩子越来越担心:"小孩在一、二年级的时候,学习非常优秀,现在他读书一样用功,一放学就拿起课本,不是读就是写,可他的学习成绩反而逐渐下降。有时我们劝他看看其他书,他会说'升学考试又不考那些'。真让我担心啊!"

孩子天生有强烈的求知欲,为什么会出现越来越多这样死读书的孩子呢?家长们在这方面其实无形当中成了推手。孩子认识了一些字,就会迫不及待地看很多书,然而我经常听到家长抱怨,孩子不好好学习,总是看课外书,尤其是上学的时候看课外书。这应该是老师和家长该反省的地方,正是我们为孩子规定的单一的学习目的造成了越来越多的孩子死读书的局面。

当今社会，选拔人才的主要途径是考试，学校平时的教学内容主要局限于考试内容，在这种体制下，孩子的知识面很容易局限在书本、作业、考试范围内，即使成绩不错，但实际生存能力却不一定高。明知道这种教育缺陷的家长更应该转变自己的教育理念，正确看待孩子的学习和成绩，保护好孩子的求知欲，拓宽孩子的知识面。

几种拓展孩子知识面的方法

● 引导孩子多看启发性的书籍。

市面上的书太多了，如果孩子花费很多时间看一些毫无营养的书，自然是浪费精力。孩子们不懂得选择书，是因为他们不知道世界上有什么书。这时候，我们的引导也非常重要。从智力开发的角度，我们要鼓励孩子多看那些可以培养创造性思维的书，而不是侧重知识性的书。比如描述事物发展过程的历史故事书，会更有利于启发孩子的思考。有很多非常伟大的教育工作者把那些蕴藏伟大思想的经典变成了通俗易懂的童话，讲这些故事给孩子，会起到娱乐和教育的双重作用。

● 引导孩子观看合适的电视节目。

电视已经成为传播信息的主要载体，与其我们天天和孩子在看不看电视上战斗，还不如跟他们达成协议，在规定时间里看限定范围内的电视节目。我会尽量选择那些反映人与人之间冲突的电视节目，这类电视包括四大类：

第一类：直接反映人与人之间冲突的历史剧或现实题材的电视剧，比如《雍正王朝》《成吉思汗》《走向共和》《大宅门》《长征》《潜伏》《我是你兄弟》《家产》《北平无战事》等。

第二类：励志作品，如《阿信》《大长今》等。名人成长经历等励志类故事对孩子的成长有积极意义，只是选择要慎重，避免那种假借名人塞进私货的片子。

第三类：反映现实社会的社会矛盾，如《经济与法》《法制纵横》等专题节目。

第四类：体育比赛或其他类型的竞赛节目。比如中央电视台的反映如何找工作的《挑战极限》。

●引导孩子学下围棋，围棋是很好的智力开发工具。

围棋中所包含的哲学思想，对我们的工作和生活具有非常好的指导意义。

第一，围棋注重整体和效率。每一步棋有很多种选择，但所发挥的效率是不同的。要想赢，就要使每一步棋的效率发挥到最大。围棋教会人们做每一件事都应是有效率的，否则可能会导致更大的失误。特别是在众多事情摆在面前的时候，做事的顺序非常重要，不同的顺序导致的结果可能完全不同。

高明的棋手往往胜在大局观上，围棋经常要弃子，弃子不是无奈之举，而是为了更大的胜利。即使由于不慎需要弃子，也要充分利用弃子，使损失减小。有时候甚至利用弃子做诱饵。

第二，围棋具有强烈的竞争性。围棋比赛中平局是极为罕见的，胜负的标准和下棋的规则非常简单，衡量围棋水平的最终标准不是记住了多少定式，而是取得了多少比赛的胜利。孩子要想不断地胜利，就要不断地比赛，在比赛中找到差距再补充知识。这会让孩子更加主动地学习。在这个过程中，也增强了孩子的逻辑推理能力和记忆力。

下围棋不会有满分。我在培养孩子下围棋的时候，一开始让九个子，我规定只要他连赢三盘就少让一个子，尽管他总是在输棋，但又总是在进步。其他智力游戏很难有像围棋这样，孩子即使是输棋，也可以感受到进步。这使孩子明白胜利和失败只是标准不同而已。

第三，学会掌握主动权。在人与人之间的交往中，谁掌握了主动权谁将是更为成功的人。围棋高手总是牵着对方的鼻子走。在学围棋时，很重要的一点就是要学会不被别人所牵制。这就是围棋中的先手。能掌握先手，就掌握了主动。

第四，下围棋培养平常心。下围棋有赢有输，加上我们对输赢的标准不同，孩子不断经历胜利和失败，就会把胜利和失败当成家常便饭，也就不会在关键性的考试中惊慌失措。而模拟考试很难培养出这种心理素质：一方面模拟考试不能经常进行，如果在家里做模拟题，和真正考试的环境有很大差别；另一方面，模拟考试的对抗性比下棋要来得低，心理压力要小。

第五，下围棋培养自我学习的能力。初学围棋要记住很多基本的定式，这需要好的记忆力。但是胜负不能完全靠定式，需要在实践中总结经验，特别是以往失败的经验对今后的对局特别重要。一个求胜欲望很强的人，会自觉地总结得失。

第六，学会换位思考。下围棋时不仅要考虑对手的优势和劣势，同时要考虑自己的优势和劣势。这就是博弈。在现实的社会中，有许多事情需要根据对方可能采取的步骤来决定自己的步骤。当我们能够充分地估计到对方所采取的步骤，也就掌握了胜利的主动。这在学校课程中是没有的。

第七，下围棋让孩子学会一丝不苟。要想赢棋，光有大局观不行，还要对官子和死活等进行精确计算。任何可能的小失误，都有可能导致整个局面的逆转。接受过围棋训练的孩子，很少会在考试过程中出现看错题目、漏题目之类的错误。

当然，棋类项目的缺陷是花的时间太长，这和现代人生活普遍的高节奏不相符合。我只是列举一些方法，家长们可以根据实际情况，尤其是孩子的兴趣点来合理安排。

第四章

你觉得该做什么？

··

　　智力开发的基本手段之四：鼓励孩子克服困难，而不是帮助孩子解决问题。这是因为，智慧的根本体现是克服了多少困难，而困难大小往往是以前所未有为标志的。

4.1　机遇可遇更可求

培养创造机遇的能力

　　中国有句古话，叫谋事在人，成事在天。乍听上去很有道理。生活当中被机遇砸中的幸运儿总是让人艳羡，如此说来机遇总是可遇不可求。但实际上，机遇完全是可以被我们创造的，机遇可遇更可求！

　　怎么培养这种"创造机遇"的能力呢？

　　●你够不够积极主动。

　　儿子10岁那年，家里准备换房子。每次看楼盘，我都会把儿子带上。当时房地产被炒得火热，好一些的小区房子都比较紧俏。有一次，我们参加一个楼盘的抽号，我和孩子妈只有两个身份证，而有的人找来了几十个身份证，如果按选号排序进行抽签，我们基本就没有机会了。在抽号现场，儿子没有闲着，他发现了同学的妈妈也在现场，有心闲聊中得知她已经抽到了号，而且抽号就是为了炒楼盘的。孩子主动帮我要到了他同学妈妈的电话。后来我跟他同学妈妈电话沟通了解到，孩子得到的信息都是真实的，如果我愿意付出一定的佣金，还真可以买到那个楼盘呢。

　　●你能不能识别出机遇。

　　儿子上初中时学习成绩挺一般，要是想单凭文化课的分数考上重点高中基本没有可能，唯有通过特长生降低分数线才有机会。我把这个事实告诉了他，孩子没有多说。有一天，他练完跆拳道兴冲冲地跑回来告诉我，在练跆拳道的时候，打听到有个在观摩的人是高中体育老师，就过去和他聊了一下，还留了电话号码。正是这个举动，让他日后能够以跆拳道特长生的身份，考入了重点高中。

　　在我看来，儿子并非一个天资聪颖的小孩，他只不过在面对机遇时采取了主动出击的方式。这跟我对他从小的培养有很大关系。事实证明，我们生活中很多机遇是可遇更可求的，当孩子尝试主动做了一些事，也许就会获得改善处境的机遇；孩子通过加强修养，提升自己能力，也许就会拓展人脉，得到关键性帮助；孩子从一个不适合自身发展、缺乏机遇的环境中走出来，也许就会走入一个机遇多且适合自身发展的环境中。抓住机遇的本领完全是可以培养的。

发现机遇需要逆向思维

儿子10岁时，我组织他和表弟进行一场竞赛游戏。我让他们到超级市场，各推一部手推车分别选出英文名称中带A或B的商品，比如，banana就包括了A和B两个字母。在规定时间内选择最多者获胜。在抽签选择字母时，儿子选到了相对比较难的B，表弟选到了相对容易的A。两人立即分头行动在超市里头忙活起来。

最后，儿子取胜了。表弟垂头丧气的同时也带着不解。原来儿子抽到字母后采取这样的策略：他沿着货架走，只要发现有B的商品就拿下来。而表弟先列出带A的商品，然后，再去货架找这个商品。这体现了两种不同的解决问题形式：一个为特定目标来搜集信息，一个是从浩瀚而无序的信息中获得有价值的信息。这就是正向思维和逆向思维。

正向思维是从原因推导出结果的过程，先假设可能的结果原因然后去求证。比如，某电路输出信号不对，可能的原因只有几个，只要把所有的假设一一求证，原因就找到了。这是正向思维。正向思维比较适合于在已知条件清楚的情况下解决问题。逆向思维是从结果出发分析原因，先求证结果再获得假设，然后再进一步求证。逆向思维可能的假设更多，最终解决问题的方法也不唯一。在"曹冲称象"的故事中，曹冲没有按通常思路去考虑如何称象，而是反过来考虑大象的等重量物——一堆石头——如何称，这就是逆向思维。

孩子们在学校接受更多的是正向思维的训练，比如，孩子总是获得既定的目标——解答题目，写命题作文。孩子从小到大所解决的问题往往是已知条件必要、充分且正确。在实际生活中，成人使用比较普遍的也是正向思维，因为很多事情已知条件简单、清楚，有比较明显的正确的解决方法，所有可能的假设也是有限的。但我们也会遇到这样的难题：信息不充分，需要到处搜集信息，在众多信息中要提取有价值的信息，对信息本身真伪和问题背后的原因需要甄别。这个时候，正向思维就显现出劣势；而逆向思维无论从目标、方法和结果上都具有开放性、多样性，相对来说更具备解决问题的优势。

实践中出机遇

学过乐器的朋友可能听过这样一种说法，在刚开始练习指法时，是有意识地主动练习，这是一种显意识运动；当达到一定的熟练程度时，就不需要看谱子或者刻意记忆指法技巧，而形成了一种肌肉记忆，这个时候指尖的运动受潜意识的指挥。

潜意识往往是显意识长期运行后的沉淀，如果我们总是让孩子面对各种各样突发的意外事件，让他自己处理，就能形成潜意识。这就如同人们学习开车，开始时指挥方向盘是显意识的举动，等熟了，就成为本能。也就是说，当我们多给孩子解决各种疑难问题的机会，孩子就会自然形成对问题的敏感性。

所以，当孩子遇到各种各样的问题时，不要觉得麻烦，这可能是智力开发的绝好机会。这个时候我们要做的就是，交给孩子自己去处理，不要质疑他们的能力，也不要心疼孩子成长中的那点成本，因为由此带来的益处完全是不可估量的。

美国心理学家吉尔福特认为："一般把创造力看做是扩散思维（求异思维）的能力，即对既定的刺激产生大量的、变化的、独特反应的能力。"牛顿从苹果落地这个大家司空见惯的现象中观察并总结出规律，就是最好的说明。人们认识事物的过程是从感性认识上升到理性认识，再由理性认识回到感性认识的过程。

人与人智力的真正差别往往体现在发现问题的能力上。我们周围不乏逻辑判断能力强的人，但对事物敏感的人却很少。然而，刚来到世界的孩子从来不缺乏敏感与好奇，随着年龄的增长，这样的天性却渐渐消失。这恰恰是教育的结果，因为我们只顾着培养解决问题的能力，却没有给孩子发现问题的机会。

培养孩子的责任意识

有一天，我带儿子和他表弟一起爬山，下山时，我特意考验了一下孩子们的记忆力，问他们谁记住了停车的位置。表弟茫然四顾，半天也没想起来刚刚汽车停在哪里了，儿子却轻轻松松地找到了我们的停车位置。要说记性，表弟要比儿子好很多，平时在学校的学习成绩就比儿子强。但两个孩子在各自成长过程所接受的教育存在很大的不同，表弟每次出去都由外公、外婆操办一切，这次爬山我们去接他，也是外公外婆帮他把水拎到楼下。相反儿子做什么事情都是他自己操心。

人对问题和信息的敏感度跟他的经验有最直接的关系。经常参加社会实践的孩子，无论是成功还是失败，都需要自己来承受，敏感度在这个过程中会被强化。这样的孩子能看到别人看不到的东西，能在浩瀚的信息海洋中提取有价值的信息。

儿子上了小学，我们经常有意让儿子给家里采购东西。时间长了，儿子对哪个商店有什么样的商品，以及商品的价格就很关心，时常有意无意地留意这些信息。有一次学校开运动会，班主任希望每人都戴白手套。老师头痛从哪能快速采购如此多的白手套。儿子为了帮助老师搞清楚哪里有卖，中午饭都不吃，去帮老师打听消息。

这种动力源于责任意识。培养孩子的责任意识在智力开发中可说至关重要。现在的父母们，要么忙于工作无暇顾及孩子的教育，要么过分地呵护孩子。后者更加糟糕。在这种环境中长大的孩子，对父母十分依赖，对周边的变化反应迟钝，培养责任意识就更无从谈起了。

　　父母总希望孩子多出点时间学习，于是很自然地将孩子的日常事务大包大揽。其实这些事情对于孩子责任心的培养是非常有益的。实践经验多的孩子，更勇于承担责任。孩子在学校的学习中所遇到的难题跟现实工作和生活中所遇到的难题存在着很大差异，而日常生活当中所遇到的难题跟未来在工作上所遇到的难题更相似。实践中的学习是课本学习无法替代的。

4.2　智力开发误区之四：按现成模式解决问题

不能忽视发现问题的能力

　　早些年我做技术管理工作，有一次在电子线路的调试过程中发现，经常会发生单片机掉程序的情况。一个大学毕业六年的工程师一开始总是从设计的角度去假设问题的可能性，可几个月下来没有任何结果。后来，我找了个新来的大学生，不让他做任何解决问题的工作，而是当场重复掉程序的过程。结果是不到一天时间问题的原因就找到了。原来是在调试的过程中手触摸到了电路板，导致静电对电路造成损伤。原因找到后，解决问题的方法就非常简单，不要直接摸电路板，工作时戴防静电手镯。

　　很多刚毕业的大学生在遇到技术问题时，总是先假设问题发生的原因，从假设出发来寻求解决方案。当费了很大力气也没解决问题时，又提出新的假设。这种思维方式使得问题长期得不到解决。刚出校门的学生对某些技术问题的解决能力还不如一线的工人，他们缺乏的是最基本的逆向思维能力。

　　我们在解决问题的过程中，首先要区分发现问题和提出方案这两个过程。逆向思维开始的求证过程是对问题进行准确描述，这就要求大量地搜集信息，并对信息真伪进行甄别，而不是急于解决问题。收集信息时，绝对不能受假设的干扰，以免影响信息的准确性和全面性。

　　为了改变刚毕业的大学生缺乏逆向思维能力的情况，我总是把他们先放到生产线上当维修工，一方面是为了培养他们正确做事的方法，另一方面也是想通过和技术工人的比较，让他们对自己的能力有一个清醒的认识。大学生们存在的这个问题，提醒我们要给孩子提供更多的训练逆向思维的机会。

美国总统林肯在被提名为总统候选人以后曾说："我在年龄不小时，所知并不多。不过我能读、能写。此后我就没有上学了。在如此贫乏的教育基础上，我能达到现在这一点小成果，完全是日后应各种需要，时时自修取得的。"这说明，从实际需求中选择所学的内容会更有价值，成就也会更高。

但现在学校的学习更像马戏团训练动物。马戏团的动物虽然有高超的表演能力，却没有在大自然当中生存的能力。我们需要正视学校学习的实际价值。

课本上的问题与现实中的问题的区别

项目	课本上的问题	现实中的问题
问题的产生	限定于课本范围的	不限定于所学的知识
解决问题的条件	确定、充分、准确	不确定、不充分、不准确
解决问题的方法	学过的	可能还没有学过
可能的答案	更多的是收敛的	更多的是开放的
对结果的评价	有固定标准，是非分明	没有固定标准，好坏往往共存
对未来的意义	旨在获得好的考试成绩	旨在获得实际工作能力

发现问题的能力往往难以定量考核，所以很自然地被传统教育所忽视。然而，学校教育所设定的问题和现实当中所遇到的问题，特别是那些复杂、多边和两难的问题有着很大的不同，发现问题的能力就成了智力开发中"被遗忘的角落"。

正向思维和逆向思维的区别类似实验和试验的区别。试验是为了获得一个未知的结果，结果如何都是正常的，用的是逆向思维；实验是对已知的结果进行验证，用的是正向思维。实验和试验的区别就是"正确地做事"和"做正确的事"的区别，好的开发人员善于从试验中得到有价值的结论。

选择能力的缺失源于选择权利的丧失

　　有一次老师问同学们长大后想干啥，有个孩子回答："外交官好。"这孩子的父亲正是外交官，他的回答显然迎合了家长的喜好。这让我想起了某企业家小时候面对同样问题的情景。那时还处在"文革"时期，班主任问孩子们将来想干什么，大家纷纷回答：当老师，当解放军，当警察，当科学家……可当问到这位未来的企业家时，他反问老师："什么能赚钱呀？"老师听后大惊，说："我们今后都要做无产阶级革命事业的接班人，怎么能想着赚钱呢？"

　　尽管时代不同了，孩子的选择从当老师、当解放军、当警察、当科学家，变成当外交官、当老板、当市长，但本质的东西并没有改变，孩子在回答时依然是在揣摩大人的想法，缺乏独立的思考。

　　我在经营企业时面试过大量的新员工，可真正能够让我眼前一亮的人并不多。究其原因，就是他们在来面试前并没有什么特别的准备，对问题的思考也缺乏新意。比如，当我问这些应聘者这样一个问题："现在就业市场供大于求，我想知道你和其他应聘者之间有什么差别？"大多数人对这个问题哑口无言。

　　人生就是一个不断选择的过程。当面对选择的时候，是自己做出决定还是由他人代替做决定，直接关系到人的选择判断力。而这种选择判断力，固然跟天赋不无关系，但很大程度上也是长期有意识地培养和锻炼的结果。我们现在的孩子，很少有这样的锻炼机会：在家中衣食住行等一切活动被家长所包办；选择什么学校，学什么，什么时候学，以什么方式学，也没有自己做主的可能性。孩子不需要有自己的想法，只要按照家长和学校规划好的成长路径前行即可。这样的环境中培养出来的孩子，怎么会有选择判断力？很多家长会问我，孩子应该看什么书好，我就会说，应该给孩子选择的权利，孩子有本事选择一本好书，比孩子看一本好书更重要。

有技术不等于有能力

在生活当中我们经常会面临两类问题：第一类是开放性的问题，比如成才、赚钱，解决这类问题需要"发现问题"的能力；第二类是收敛性的问题，比如提高成绩，解决这类问题需要"按照现实模式解决问题"的能力。我们的教育往往只重视了解决第二类问题，而基本忽视了第一类问题。但能体现孩子能力差异的，恰恰是解决第一类问题的能力，社会精英的特点就是处理第一类问题的能力超强。

这两者的区别是非常大的，就好像盖房子，如果你搭好了框架，即使没有外墙、装修，我们也很容易分辨出来，这就是一栋房子。但即使你把所有的砖头、水泥板、钢筋、涂料堆到一起，它们也不能叫做房子。解决第一类问题需要理解和建立整体的知识架构，解决第二类问题就好比砌墙攒砖头水泥。

为什么我们只培养了解决第二类问题的能力，而没有培养解决第一类问题的能力呢？除了传统教育方式的制约，家长在教育孩子的方式上过于"霸道"也是非常重要的原因。父母们往往打着"教育"和"爱"的名义，把孩子们的吃喝拉撒全部包管起来，无视孩子们本来就拥有的能力，把他们当成是一种"低能的、弱智的"动物来对待，不给其想象、思考和独立自主的机会。孩子们成长过程中确实需要大人的帮助，但是这种帮助应该是"增强能力的帮助"，而不是专制化的大包大揽。

4.3 别埋没了孩子的机灵劲儿

给孩子做事的权利

许多父母爱孩子，却没有站在孩子的角度考虑问题，他们不懂得孩子真正需要什么，也并不真正关注孩子的成长需要。他们只想把孩子塑造成他们心目中的小孩，习惯把自己的感受投射到孩子的身上。而这会让孩子丧失自我。对于孩子而言，这样的爱是一种令人窒息的枷锁。

我们要学会的一件事就是，充分给予孩子做事的权利，这会让孩子觉得是在为自己活着，而不是作为"父母的骄傲"存在于这个世界上，孩子就会对周围所有的事情十分敏感。

假设孩子做出了类似于爱迪生学着母鸡孵小鸡的行为，我们不妨给孩子一个认识的时间。当孩子孵不出小鸡的时候，就可能去查阅孵小鸡的条件。当孩子知道鸡蛋在37℃条件下经过21天才可能孵出小鸡，他就会做一个简单的装置，给鸡蛋营造一个37℃度恒温的环境。

我小时候就干过这种事情。拿一个100瓦的白炽灯作为热源，在一个纸箱四周围盖上棉被作为保温箱。拿温度计来测量保温箱里的温度。为了防止保温箱里温度不均匀，我又采取了两个措施，一是让灯泡离鸡蛋远一点，二是在灯泡上包裹一层棉布，21天后果然孵出了小鸡。而这一过程并不是一帆风顺的，经历了几次失败，也正是因为失败，才会有上述的调整。后来还发现，有个别鸡蛋永远也孵不出小鸡来，经了解才知道，那是没有受精的鸡蛋。现在超市里买的鸡蛋基本都没有受过精。

超极少年成长训练营有个二年级的小女生，她非常想养蚕宝宝，可学校只给四年级的孩子提供养蚕的机会，孩子很不服气，一定要自己养。首先，她要获得蚕卵，孩子在网上查到了卖蚕卵的地方。接着她得知道哪里能搞到桑叶，于是她跟妈妈来到花卉市场买了棵桑树。小蚕宝宝从网上买回来的第一天就出了问题，28条蚕跑丢了9条，她赶紧修好蚕宝宝的"住处"。蚕生长得很快，桑叶很快不够用了，她又查了一下，除了桑叶蚕还能吃什么。在"百度"的指导下，孩子又搞来莴笋叶和葡萄叶，可蚕并不爱吃，她赶紧想其他办法，她发现桑叶也是可以在网上订购的。蚕开始吐丝时，孩子又要为蚕宝宝建立吐丝"房"。整个过程中她解决了很多问题。

家长常说"不知道"

有一天，"超极少年"有个孩子突发奇想，想自己做甜甜圈。甜甜圈味道虽美，可怎么做对于一个孩子来说就有点难度了。她跑去问妈妈，这位聪明的家长摇摇头表示不知道。孩子没泄气，上网自己查资料，了解到甜甜圈是用发面做的。

可到哪里去找发面引子呢？孩子再次求助妈妈，妈妈还是回答不知道。她查资料了解到，可以买酵素或者拿一团发面做引子。这回她直接去找街上做馕的商贩要发面，本来想用1元钱买，结果卖馕人知道原因后，很热情地给了她一大块。接下来，面是发好了，但怎么也做不出甜甜圈来，一大堆面不知道该咋办，孩子琢磨着是不是可以蒸馒头，结果馒头蒸得非常成功。这时，可以给孩子一个小小的提示：甜甜圈是烤出来的。

孩子在这个过程中，不仅找到了做事的方法，还随机应变解决了各种问题，更重要的是开发了智力。而这个过程家长最需要做的就是跟孩子装傻说"不知道"，放手让他们自己去做。孩子在自发的活动中学习、成长，才更有意义。

再富不能富孩子

在超极少年训练营有个孩子，妈妈以前样样事情都要替他着想，比如孩子过生日，要给孩子订蛋糕，花钱请孩子同学和朋友吃必胜客，一次下来，少说也有七八百。这样的做法表面上看是心疼孩子，为他未来的人际关系做铺垫，实则是让孩子在心安理得中养成炫富攀比的坏毛病。这位妈妈在接受我的建议后，一改过去的做法，不再啥事都替孩子操心，还有意缩减给孩子的零花钱，让孩子自己想办法。

有一次过万圣节，孩子想邀请几个同学一起举办万圣节派对，他计划先带大家吃披萨，再搞化装晚会。可一到实施起来的时候，就发现有不少问题。首先就是经费问题。最初孩子计划请大家吃肯德基，但自己的零花钱被妈妈缩减后不到一百，肯定不够。于是，他决定改成做三明治，如果自己买面包和火腿，自己煎鸡蛋、做沙拉。如此一来，成本一下就低了，吃的问题解决了，还培养了动手能力。

　　接下来就是道具的问题。学校门口卖的万圣节道具15元一个，七个人就是105元，他刚开始是跟小贩还价。可再怎么还价也只能还到12元，这也要84元，再加上做三明治的花费，还是不够。于是，他提议让每个参与者自己承担各自的活动费用。

　　我们为了开发孩子的智力，会送孩子进入各种智力开发机构，花起钱来眼都不眨。表面看，这些花费是为孩子的成长投资，实际上却收效甚微，还助长了孩子不良习气。孩子们的心智远未成熟，学习和模仿能力强，社会大环境中的炫富之风，很容易影响到他们。而上面这位妈妈的做法，钱花少了，心操得也少了，孩子却有了更多动脑筋、动手的机会。孩子在这个过程中，不仅增长了才干，也享受到了克服困难的乐趣。

把动手的机会还给孩子

　　生活中有些司空见惯的现象，比如孩子吃橘子、鸡蛋、苹果、核桃等，都是父母事先去了皮的，为的是孩子吃起来容易，更不会遇到什么危险。可是父母没有意识到，他们在为孩子提供这些方便的同时，也剥夺了孩子亲手实践的机会，甚至会养成孩子害怕挫折、不思进取的不良品性，影响孩子的一生。

　　有一次，"超极少年"周末班快上课了，有个小女孩坐在地上，把前后鞋襻一一打开，把脚放进去，再一一扣上。这是孩子第一次来上我们的课，孩子的妈妈担心这样做会耽误老师的时间，就告诉她不用全部打开，并伸手帮她，小女孩拒绝。我们的老师提醒她，孩子脑子里有一整套程序，就让她按照自己的想法做吧。

　　事实上这个孩子并没有耽搁太多时间，甚至少于她妈妈干预占用的时间。很多父母在遇到这种情况时都是不假思索地干预孩子，家长这么做的真正目的不是为了省时，也不是为了让孩子学会更快地穿鞋，而是为了成人间的暗示，对老师表示并不是我不在乎你的时间，不管教孩子，你看我在催着呢。在某些极端的情况下，孩子挨打挨骂，也不是真的因为他们做错了什么，而是要打骂给别人看。这跟教育孩子的目的南辕北辙。

把摸索的机会还给孩子们，他们会做得比我们想象的更好，正如彼得·克莱恩在《每日天才》一书中说："当孩子们自己去发现那些基本规则时，他们学得最好。"

在传统的学习中，学习者往往是接受已有的结论。想让孩子更聪明，就要鼓励孩子重复知识创造的过程，孩子会通过自己的努力，克服相当多的困难，努力达成目标，孩子会比喜欢游戏更喜欢这样的过程。在经历知识创造的过程中，孩子收获的不仅是对学习的兴趣，同时锻炼了大脑，这比学习知识更为重要！

我们不要在意做事的结果和所花费的时间。比如拼图，如果我们告诉孩子拼图的方法，甚至帮孩子拼图，虽然非常快地达到了目标，但孩子只是模仿，学会了"正确地做事"。让孩子自己去摸索拼图的规则，哪怕所花的时间是我们教他的几十倍，但孩子学会了"做正确的事"。

虽然很多家长都明白让孩子多动手有诸多益处，可在实际生活当中，我们给孩子动手实现自己梦想的机会实在太少了，主要原因有：

● 怕麻烦。比如孩子要求养宠物，很多家长担心孩子的兴趣只是一阵风，最后还要家长来养、来收拾，因此不同意孩子的要求。我们要更新观念，不要过度在意做事的结果，完美的结果并不代表孩子做事能力强。也许孩子把兔子给养死了，也许他们亲手做的风筝没飞起来，但孩子自己会总结，这样就会迅速提高他的做事能力。要想让孩子建立责任意识，只要让孩子对结果适当地负责就是了。比如，在建立了奖罚制度后，兔子是孩子花自己的分数买的，在养育过程中如果需要我们帮忙，也要用分数来支付我们的"劳务费"。如果由于孩子不当心给养死了，他也应该学会为自己的行为负责。

我们在引导孩子实践时，前期准备更加重要，尤其在条件不能完全达到的时候，引导孩子事先提出克服困难以及处理意外情况的方案，这才是更有效的智力开发。

● 担心浪费时间。孩子自己动手实践，往往会比我们直接教给他们更耗费时间，但这个过程会培养孩子独立精神和勇于创新的意识。我们把信任传达给孩子，孩子就会树立"我能行"的心态。

4.4　装傻第四招："我不知道做什么！"

不要急于告诉孩子答案

我在跟家长沟通时，经常会遇到这样的情况，他们很无奈地对我说："不是我想操这么多心，如果我家孩子能力强，可以自己解决问题，我自然不管他……"

是的，孩子缺乏锻炼，所以不能放手不管；孩子成绩差，所以不能不在意成绩；孩子从来没单独外出过，所以不能让他一个人外出……为什么你的孩子一直处在这样的状态呢？就是因为家长们从来没有真正为孩子做出改变。有的时候，孩子本来有很大的做事兴趣，可遇到了困难做不下去，就会选择放弃。这是我们长期错误智力开发的结果，也是我们过度在意做事的结果所导致的。

有一次，我坐火车卧铺，看到一个带孩子的家长，总是不停地给孩子说些什么。孩子上厕所回来，走错了门，家长就立即告诉孩子"走过头了！"孩子想去打开水，家长马上告诉他在哪个位置，水开时会闪绿灯……相信这种场景在很多家长身上经常发生。其实，孩子走过头了，做错了，那有什么关系呢？无非就是耽误一点儿时间。孩子在自己找到铺位的过程中，至少获得了三件有价值的东西：一是意外发生时的处理能力，二是责任心，三是空间识别能力。

2岁多的孩子在玩拼图，不小心拼错了，我们三下五除二就帮他拼好了，孩子会觉得自己很无能，不仅失去做事的乐趣，还养成了想赢怕输的思想。为什么不给孩子尝试的机会呢？

当孩子遇到困难时，我们往往会迫不及待地告诉孩子解决的方法，这就可能导致孩子越来越不愿动脑筋。久而久之，孩子只在意结果是否达到要求，并不关心做的过程，在面对错误和困难的时候轻易地放弃。为了改变这种局面，对孩子在学习和生活中所遇到的问题和感兴趣的事情（除了涉及安全的问题或者不需要验证的常识），我们要尽量避免正面回答和直接帮助。

激发孩子克服困难的勇气

儿子12岁的时候，我鼓励他带着两个弟弟独自去香港海洋公园。我要求孩子整个过程都要独立完成。孩子们刚到海洋公园门口就发现，公园规定13岁以下的孩子没有大人陪同不得入园。他首先想到的就是打电话问我该怎么办，我狠狠心告诉他要自己想办法，没有进入海洋公园，就别回深圳。儿子很快就想到要找个陌生人带进公园，可他找的第一个人竟然是公园的管理人员，没带进去不说，还被警告了一番。但他并没有气馁，再找人带的时候就比较当心，当他发现一位跟他坐同一辆公共汽车来的大人时，便上前探寻可能性。那个人十分热情，主动跟公园管理员交涉，最后孩子们顺利入园。

孩子在独立做事的过程中会遇到很多困难，这个时候他们的第一反应可能就是求助自己的父母，我们可以指导孩子如何解决这些问题，但更重要的是激发孩子们战胜困难的勇气，正如卡内基说："我宁愿把自信和勇气传给我的子女，而不是留下百万元的财产。"

学会启发孩子思考

儿子上小学的时候，有一次他问我，太阳到地球有多远的距离。我反问他："你说呢？"他说："有没有1000公里？"在孩子看来，1000公里是很远的距离。我并没有告诉他对还是错，而是让他查看一下地图，算算深圳到北京的距离是多少。他发现，深圳到北京差不多2000公里，那太阳到地球就不可能是1000公里，于是，他修正了自己的答案，认为太阳到地球的距离至少也要超过几十万公里，虽然这离正确答案1.5亿公里还有很大距离，但已经在向正确答案靠近。

爱因斯坦从小就对父亲给他的罗盘感到好奇：为什么罗盘无论怎样翻转，小红针总是指向同一个方向。父亲没有立即回答，而是让他好好想想。智力开发不是告诉孩子答案，而是让孩子学会思考。

孩子有时候会偷懒，急切地希望知道方法。这个时候我们可以尝试着先问问孩子："你对这件事情是怎么看的？""你认为有几种可能的选择？""不同的选择各有什么特点？"无论孩子的想法多么接近最终结果，都不要把最终结果告诉孩子，思考是最有效的智力开发。如果告诉孩子方法，那只是得到了好结果，但不利于孩子的智力开发。

有这样一个案例：超极少年训练营有个孩子想教同学玩悠悠球来赚钱，可有些同学没有悠悠球，这就产生了教学成本问题，这个成本是否能抵得过收入呢？于是，妈妈跟孩子展开这样的对话：

妈妈：你的生意好像并不是只赚不赔啊，你赚的钱能抵得上你的成本吗？

孩子：没事啊，我可以多招几个学生。

妈妈：那你以前玩悠悠球，一般玩多久就坏了？

孩子：一周吧。

妈妈：那你的悠悠球多少钱一个？

孩子：15元。

妈妈：那你一周之内，要招几个学生呢？能招到吗？

我们跟孩子这样对话，相当于在孩子举杠铃举不起来的时候，我们帮助孩子减轻一些重量，再让孩子继续举。如果我们直接告诉孩子应该怎么做，那就相当于我们替代孩子举！当我们跟孩子用这种方式沟通时，孩子遇到难题会更愿意跟我们商量。

用鼓励、表扬、奖励来激发孩子思考

经常看见为人父母者满头大汗地追着初学骑车的孩子，又是扶车子，又是大呼小叫地发号施令，自己累个半死不说，孩子紧张得腿肚子发颤，小脸煞白，还未必领情。

并不是所有的道理靠说教都有用，在这个时候告诉孩子应该如何把握平衡完全没有意义，因为孩子处在高度紧张之中，哪里听得进去你在说什么。而且，孩子的感受我们也体验不到，我们给孩子的指导未必是对的，那还不如让孩子更多地自主训练，让他自己琢磨、体验。我们倒是可以多给孩子一点鼓励，比如，孩子在学习跳绳的时候，我们记录孩子一分钟能跳多少下，只要进步就给予奖励。如此，孩子就会进步很快。

孩子在有了一定的行为能力后，会表现出强烈的愿望，希望可以自己做主。在生活中，我们经常可以看到这样的情形，当我们想帮孩子做点啥时，他会说："我自己来，我自己来。"孩子无法容忍别人替他想或替他做任何他自己可以做的事。这一时期就是我们说的第一逆反期。真正的智力开发是让孩子按照自己的心愿长成自己原本的模样。

当孩子不愿意思考、有依赖心理时，通过鼓励、表扬、奖励的方式间接刺激孩子的思考是很管用的。事实上，对于那些已经养成依赖性思想、不愿意动脑子的孩子，就可以通过这种方式使其转变。

给孩子提出独立见解的机会

2007年暑假，招商银行举办"体验云南，传承责任"免费夏令营，通过面试选拔20名参加者。这个活动有600多人报名。为了能够参与这项活动，我和儿子进行了精心准备。我跟儿子专门琢磨了一番：面试官会问哪些问题；按照常规思路，一般面试者会怎么回答，如何跟他们区别开。

面试官问："你在学校学习成绩怎样？"儿子在学校学习成绩一般，排在全班的第15名，这不是个突出的成绩。于是，儿子回答："我在我们班的男生中，排名第三。如果我爸爸没有让我提前上学，我的成绩会更好一些。"这样的回答，引起了面试官的哄堂大笑。

面试官问："你对参加这次活动的态度是怎样的？"

这个活动是让孩子去云南一个国家级贫困县体验生活，如果孩子回答

"通过这次活动，让我感受到贫困是怎么回事，从而让我们更加珍惜现在的美好时光，更加好好学习"，这就没有任何创意。儿子是这么答的："希望通过这次体验生活，能够了解到贫困产生的真正原因并不一定是自然资源和地理条件的限制。如果是那样的话，瑞士是世界上自然资源缺乏而且多山的国家，但它却是世界上的富裕国家。"

这样精心准备的回答，会令面试官耳目一新，被录取就是自然而然的事。

机会总是留给有准备的人。儿子最后入围，我也有幸沾光，在夏令营即将结束的时候免费去了一次云南。作为父母不仅要帮助孩子争取这样的机会，更要在为孩子创造条件的同时，鼓励孩子努力发现问题和解决问题。在这个过程中，我引导孩子："你估计面试官会问你一些什么样的问题？"让他自己想想，应该如何回答这些问题，而不是我自己想好了问题和解决办法，让儿子背诵。

传统教育更多的是直接给答案，完全忽视训练孩子思考，结果是孩子总是记不住，欲速而不达。背诵只是调动孩子的记忆能力，而无法培养孩子发现和解决问题的能力。在上述案例中，当我们过分在意孩子是否能入围，就会情不自禁地帮助孩子，也许这次赢得了机会，但孩子却永远不会获得发现和解决问题的能力。

4.5　让孩子当自己的老师

让老师变得更轻松的改变

有个早教班的负责人向我诉苦，在实施早教课程中，最让她感到头痛的是有些两三岁的孩子完全没有纪律意识，老师不能完成教学任务。我就对她说，如果我们从根本上改变早教的观念，也就根本不存在这样的问题。所谓的根本改变就是不再要求孩子做什么，而是鼓励孩子做自己想做的事情。比如，几乎所有的孩子都喜欢玩沙子，那我们带幼儿到沙滩，完全没有必要规定孩子如何玩,孩子会有自己的目标。当给了孩子这样的自由时,孩子可能一玩就是一个小时,甚至几个小时。当我们期望孩子能在玩沙子的过程中有所收获,不妨自己也在一旁玩。我们可能堆出城堡,挖出水渠,打造出各种沙雕造型。我们不用跟孩子说什么,孩子自己觉得新奇,就会跑来模仿。如果我们把这样的过程定义为早教,孩子哪里会有注意力不集中的问题?哪里会有纪律性差的问题?

很多带过夏令营的老师跟我说,带孩子好辛苦啊,孩子有好奇心,会乱跑,不仅窜宿舍,甚至离开营地;孩子也没有纪律性,规定了几点睡觉,他们可能根本就没睡。老师要不停地巡视,万一发现有孩子不在宿舍的,就要去找;对没按时睡觉的,要喝令纠正。真是不得安宁。可是,我们"超极少年"的夏令营,根本改变了理念:孩子吃过晚饭之后,完全就是自由活动,也就可以去任何地方,可以自己决定几点睡觉;我们老师只要规定几点起床就可以了,没有按时起床的,给予必要的处罚。如此一来,所谓的问题大部分就不存在了,孩子的管理也变得异常简单,孩子自己也会很开心。

有人可能会怀疑,这样不是让孩子无法无天吗?孩子学到了什么呢?孩子最大的收获是在主动动脑,他们会有自己的目标,会有自己实现目标的方法。我们没有必要关心目标是什么,也没有必要关心如何实现目标,我们只要关心孩子总是在做新奇的事情,就意味着孩子的大脑在不停地转动,也就意味着孩子的智力是在不断地进行开发。比如,在台湾夏令营,孩子在自由活动时来到驻地附近的大街上,品尝当地的食品,采购当地的特产,了解风土人情。孩子在这个过程中,会学到很多东西,这些东西可能比我们安排的学习更有价值。

把难题交给孩子

父母是孩子的第一任老师——这似乎是一个无人不知、无人不晓的观点。孩子从出生到走进中学步入青春期,在这漫长的大约12年时间里,父母的影响和家庭教育在孩子一生中起着至关重要的作用。父母们尽力承担起了抚养、教育的义务：用进口奶粉，选择高级幼儿园，陪着孩子学英语、学钢琴、学书法、学绘画，选择优质小学、高价中学……但往往事与愿违。家长不解："谁不希望自己的孩子有出息啊，能做的我都做了，他怎么就不能给我争口气呢？"殊不知这些家长的失败往往就在于没有很好地完成"第一任老师"的角色，能做的做了，该做的却没做或者做得不好。

在传统教育体制下成长起来的我们，本身就比较缺乏科学的教育方法。比如孩子注意力不集中，我们就让孩子学习书法、围棋这些看上去安静的课程。这种做法类似头痛医头、脚痛医脚。既然我们自己并不具备十全十美的判断能力，那就别再给孩子定是非标准，培养孩子判断是非的能力才是重点。

每一个孩子身上都有家长的影子或家长教育的痕迹，所以我们在教育孩子时一定要选择正确的方式。

● 让孩子自我照顾。不仅要培养孩子的自理能力，还要让孩子自己解决问题。儿子10岁的时候，他的红领巾丢了，怕挨我的骂，就自己拿圣诞老人的帽子剪裁，缝制成一个红领巾。虽然看上去粗制滥造很不像样，但这是儿子的发明创造，他戴上这个红领巾在学校居然没人发现，他觉得非常得意。我不仅没有指责他，反而把他夸奖了一番。

● 把困难交给孩子。有一次重阳节，我们全家爬山。人很多，路口有保安把守，控制上山人流。我们来到一个控制路口时，刚好遇到不允许上山了。我对儿子说："我们大老远的来了，如果上不了山，就白来了。现在你来想个办法，一定要上去。"儿子考虑了一下，大摇大摆地走过去对保安说："我们就住在里面那栋楼里。"问题很容易地解决了。其实，我把难题交给儿子时，也不知该怎么解决，孩子给了我惊喜。

"放手"就是最好的帮助

很多孩子操作电子产品比我们成人厉害。我是做技术出身的，当我放手时，我就目睹了孩子解决问题的过程。这坚定了我的理念：对孩子不指导，就是对孩子最大的帮助。

儿子10岁的时候，家里的灯不亮了，我让他解决。他首先推测是灯泡坏了，可他换了新灯泡后，还是不亮。他又怀疑是不是没有电了，可其他灯还亮着呢。最后终于发现原来是电源开关出了问题。有了这样的经历，儿子知道了，要想验证灯泡是否坏了，并不是拿一个新灯泡换上去看亮不亮，而是把那个"不亮"的灯泡安在其他可以亮灯的灯座上。这些方法本来我可以告诉他的，但远不如让他自己摸索有意义。

还有一次，家里的电脑显示屏罢工了，这次儿子没有急于买新显示器，而是把显示器带到同学家，检验一下是否是好的，结果发现是好的。这个时候，他已经学会了先列举显示器不良的各种原因：没有电源、主机故障、显示器故障等。他在验证了显示器之后，又用万用表来验证电源是不是好的，结果还是好的。当排除了这两种情况，就是主机出了问题。孩子会进一步分析主机故障可能的原因：主板、显示卡、CPU、内存、连接线等。再对每种情况做相应的验证，最后发现是显示卡连接线出了问题。

不难想象，如果我去指导儿子会节省很多时间。可在我们指导下，孩子只是个操作"工人"，而不是个"技术员"。孩子没有成为"技术员"，正是因为我们不停地指导。而很多不懂电器的家长，反而成就了孩子在这方面的"擅长"。生活当中，我们习惯了以"专家"的姿态教育孩子，反而让他们成长得更慢。

把犯错的机会留给孩子

有一个女孩准备出国留学，父母给她办出国手续的时候被不良中介骗了1万元，事还没办成。我想，如果这件事情不是父母办，而是女儿自己办，即使同样也办砸了，至少也让女儿长了见识，而不只是父母长了见识。如果我们是为了孩子好，那为啥不把这犯错的机会留给孩子，而要跟孩子去争夺开发智力的大好机会呢？

在儿子还在上小学的时候，我就按照这个思路把开发智力的机会留给孩子。家里的电脑经常出问题，需要换个新的，我把任务交给了儿子。这时候，他向我提出一大堆问题：

　　"要什么样的价格？"

　　"要什么牌子的？"

　　"要什么配置？"

　　"电脑的外观要什么样的？"

　　"到哪里去买？"

　　……

　　对于他提出的诸多问题，我只回答他："既然这件事情交给你做，所有问题都需要你自己回答，你只要在买之前告诉我你是怎么考虑这些问题的就可以了。"

　　有专家做过这样一个测试：当我们带孩子购买生活用品时，如果让孩子参与，帮助我们选购，会使孩子很活跃，而不会总给我们添乱。孩子在被尊重的情况下，获得极大满足。

　　把孩子视为自己的同事或朋友，尊重待之，并让他参与家中的大事。能帮助家长分忧和分责，是一个孩子成熟的重要表现。比如让孩子参与采购，若是遇到被骗或者采购的东西不合适等问题，对孩子来说也是一种教训；而孩子好的建议被采纳，又会鼓舞他乐于思考和参与大人的活动。孩子可能会提出很多幼稚的看法，或者提一些我们无法答应的要求，不答应就是了，只要讲明我们的理由。

　　让孩子参与决策，由于决策错误要承担责任，他们就会自觉地观察，并总结存在的问题。我到现在还都不会网购，不是学不会，而是我已经养成了习惯，有啥事情就找儿子。即使儿子出国了，一样也是QQ上留言，让他帮我订。后来觉得这事太简单了，不想浪费儿子时间，我又把网购的事交给了超极少年成长训练营中最喜欢的小学员，孩子也会非常开心地帮我完成。

让孩子吃点苦头

有一天，儿子在电话里很沉痛地告诉我，跟女朋友分手了。当然，更糟糕的是他现在得一个人承担之前两个人的房租，要是退租的话就面临毁约赔偿。孩子现在还在读书，根本没有打工的资格，显然，他遇到经济困难了。我精神抚慰了一下他，鼓励他自己解决问题。

过了一段时间，我再问他，他说找到合租的了，赚钱的门路也找到了。

有的家长经常说这样的话：你只要把学习弄好了，其他事什么都不要管。这样的教育是非常糟糕的，这种孩子大了以后极有可能是一个没有社会责任感的人，在实际生活中也会表现出高智商、低情商的缺陷来。相反一些成绩排名在十名左右的孩子，走入社会后反而更能适应生活。其实原因很简单，这些孩子只把一部分的时间放在学习上，另一部分的时间用于社交、探索等活动，他们在自信心、独立性、人际交往能力、问题解决能力和责任心等方面得到了相当全面的发展。

在孩子从"不懂"到"懂"的过程中，我们应该成为"助产士"，而不是"教父"；应该成为"教练"，而不是"老师"。这其中的差别在于，老师永远要比学生强，但教练永远没有运动员强。如何才能实现这样的角色转换呢？就是尽量不要给孩子安排做什么、怎么做，即使孩子的选择在我们看来是错的，那也让体验告诉孩子错了。

有位孩子的妈妈向我求助，女儿一门心思想做生意，可她希望女儿好好读书，放弃其他念头。我给这位妈妈支了个招：给女儿充分的自由做生意，但不提供任何条件，也不再给她任何生活资助。如果女儿做不起来，她自己会改变；如果女儿做起来了，那就说明妈妈对女儿的要求未必正确，对这个孩子来说，做生意是更好的出路。

如果孩子确实觉得自己不是做生意的料，她也用这段经历学会了承担责任，远比妈妈想方设法说服她来得更有效。孩子知道要为自己的行为负责，并且也在各种尝试中知道了自己的能力，学习才更有动力和效率。要想加速孩子有这样的认识，我们不需要阻止孩子做自己想做的事情，而是让他们吃一些苦头。

作为父母，我们不要去满足孩子的一切要求，也要适当地给孩子一些苦头吃，以提高孩子的心理承受能力，为他们未来的生活做铺垫。生活总有不如意的时候，若我们不能满足孩子一辈子，又何必现在事事都去满足他们。

4.6　意外是机会不是麻烦

很多能力并不是长大了自然会有

看到过这样一则报道，说的是一个因为工作不能请假的母亲，让自己14岁的女儿独自坐长途车从深圳回梅州老家，上车时妈妈一再关照司机，可车到了目的地后，接孩子的家人却没有看到她。焦急万分之下，家长到处张贴寻人启事。直到10多天后，才发现她的行踪。原来孩子在汽车中途等客时下车上厕所，等到她回来后发现车已经开走了。由于行李都在车上，她向路人求助借钱打电话未果，只好跟着她们去打工，好赚打电话的钱。后来有人看到寻人启事才找到她。这么大的孩子既不知道应该向警察或保安求助，也不知道打110是免费的，这不仅反映了孩子缺乏应变能力，更反映了孩子实际生存能力的缺失。

女大学生被小学文化的人骗到乡下给卖掉了，这样的新闻也越来越多，这更应该激起我们对教育的思考。我们在保护孩子的时候，总是抱着侥幸心理，认为孩子到了一定的年龄，该有的能力就会自动有了。很多家长会举例说，我们这代人很多能力并不是学校和父母教的，而是到一定年龄自然就会了。但别忘了，现在的环境和我们小时候时相比，已经发生了翻天覆地的变化。在我们小时候，由于贫穷、多子女、对学校教育没这么重视，让我们有了更多的自由，而正是这些自由成就了我们。我们在自由玩耍和照顾家庭的时候，培养了很多弥足珍贵的能力。

学习就是读书吗？

一个足球运动员在训练场上训练16年才能上场比赛，假如这位足球运动员不训练射门，不训练防守，只训练长跑和折返跑，我们会觉得荒唐。其实，现在的教育就是如此荒唐，一方面缺乏和社会实践的联系，另一方面所学内容与社会实际需求严重脱节。我们去找工作，老板都会问你能干啥，不会问你能读啥。如果我们只是培养考试能力，而不是生存能力，难免直面"毕业即失业"的窘境。

要想解决这个问题，就要给孩子更多解决现实当中问题的机会，而不是让孩子当一台只会死读书的机器。我们要首先了解，孩子在现实当中处理各种异常事务和正常事务所存在的巨大差异。

处理正常事务和处理异常事务的差别

项目	处理正常事务	处理异常事务
问题的产生	预期的	非预期的
问题的性质	以前经常出现过的	以前没有出现过的
解决问题的方法	具有现成方法可循	没有什么现成的方法可循
处理的结果	需要符合事先规定的标准	没有事先规定的标准
对结果的评价	没有达到标准就是不合格	出现差错属于正常现象
对未来的意义	方法现成，不需要产生新方法	可以引导产生解决类似问题的方法

在考试的压力下，很多家长将"唯有读书高"视若圣旨，除了学校学习，不让孩子参与任何实践活动。这样的孩子即使学习成绩不错，也是一个社会生存能力极差的"低能儿"。孩子的成长需要体验，有意识地让孩子从小吃点苦、受点罪、跌几个跟头，不仅可以丰富孩子的社会经验，更会使孩子在挫折中悟出道理、锤炼本领，为人生的成长积累面对挫折的勇气和独立处理问题的良好心理素质。

把每次异常都视为锻炼孩子的机会

儿子有一次上学没赶上校车，就和保姆一起自作主张乘了公交车，结果坐错了车，来到了陌生的地方。儿子找到一家小店，借电话联系我，并让小店店主告诉我他们所在的方位，让我顺利找到他们。有了这样的经历，我相信孩子以后遇到类似的情况可以从容不迫地处理。

有一次，我和儿子去柬埔寨旅游。面对大小吴哥的美景，我被深深地吸引了，拿起相机不停地拍照，忘了集合时间，等回过神儿子早就没在身边了。这时候，旅行团一个成员打电话给我，问我是不是在找儿子，并告诉我，儿子跟他们在一起，让我放心。耽误了集合时间，大家都以为我是在找儿子，当我告诉他们我是在拍美景时，大伙很不解，这么小的孩子如果丢了该咋办？我说："如果丢了，不正好是他学会如何克服困难的机会吗？"

有了这样的经验，带女儿也是如此。有一次，我们全家去商城吃饭，2岁的女儿要上厕所。我跟她出了饭店，上完厕所，我让她自己找回原来的地方。她几次都走错了路，甚至有一次路过了吃饭的地方都没有发现，我不吭声由她带着走，孩子最后还是找到了。在这个过程中，孩子不仅学会了如何动脑子克服困难，更收获了成功的喜悦。这样长大的孩子，日后的实际生存能力一定不会差。然而，我们在养育孩子的过程中，大量类似的开发智力的机会都浪费了。

在超极少年成长训练营，我们经常会给孩子"出难题"。比如向陌生人问路，求助别人完成某些任务等。有一次，在厦门鼓浪屿，有个孩子走丢了。这个孩子给妈妈打了电话，要了老师的手机号码，最后顺利归队。妈妈对孩子的镇静感到震惊，可要知道，这是孩子本来就有的能力。

让孩子直面各种矛盾

有个三年级的小女孩，性格特别叛逆，小小年纪就流露出一种事事无所谓的态度来。父母刚送她来时，一再说明孩子以前很乖，但是不知道什么原因导致她发生这么大的变化。

我问她："爸爸妈妈关心你吗？"小女孩沉默。

我再问："他们平时关系很好吧？"

小女孩露出不屑的表情。原来这对夫妻经常吵架，但是在孩子面前却装出一副恩爱的样子，让孩子觉得父母非常虚伪。很多人担心夫妻关系不好会影响孩子的成长，因此在孩子面前隐瞒，但表里不一的做法反而使孩子对父母失去信任。

作为家里人，实际上我们没必要向孩子隐瞒，有些矛盾即使不说，孩子也会看在眼里，还不如让孩子一起参与，让他知道所有矛盾发生的起因，孩子的参与对夫妻之间处理矛盾是有帮助的。因为，矛盾激烈的时候，家长往往是不理智的，而孩子作为旁观者会更加客观公正地评价是非。在平时我都会非常尊重孩子的意见，从儿子10岁起，甚至由他来出面当"法官"。当我们平等看待孩子时，孩子也就有了对家庭的责任。相反那些隐瞒家庭矛盾的夫妻，最后实在隐瞒不了要离婚的时候，孩子可能无法接受事实。而在孩子面前暴露了矛盾，但完全拒绝孩子参与矛盾的解决，也会让孩子觉得自己是个很没用的人。当孩子习惯于参与家庭事务，就知道吵架是人与人之间的常事。绝大多数情况下，我们成年人之间吵架会使得我们关心孩子的时间少了。对孩子真正的伤害，往往是我们改变了对孩子的态度。比如拿孩子出气，或者"争夺孩子的爱"等。

人生没有标准答案

有个老师讲了下面这个故事，以此启发孩子们讲礼貌。

冬天到来之前，小松鼠在树洞里贮存了许多的食物。冬天来了，小松鼠邀请小白兔到家里来做客，拿出小白菜和胡萝卜招待小白兔。故事讲到这里，老师问："小朋友们，小白兔要对小松鼠说什么？"大部分孩子回答"谢谢！"但有一个孩子回答："你还有什么？"

显然，他的回答出乎老师意料。老师就指着这个孩子对其他小朋友说："这个小朋友很贪心，不讲礼貌！"

　　我们的教育更多的就像上面场景展示的，只会给孩子们标准答案，而现实生活中永远不会只存在一种可能。我们要培养的是孩子独立思考问题的能力，而不是教给孩子们"标准答案"。

　　我们可以用日常生活中产生的问题来启发孩子思考，寻找一些冲突和矛盾，让孩子产生更多思想火花。比如：如果父母离婚，你应该如何处理？如果发生抢劫，你如何面对？我们的社会中大多数人总希望自己说了算，但大多数人却选择在有老板说了算的地方工作。我们总是用考试来考核人的能力，但很多有能力的人考试成绩并不怎样。我们总是被教育要奉公守法，但有些企业却会偷税漏税。为什么有些人信仰宗教，有些人却不信仰宗教？对"为什么要实行计划生育"这个问题，孩子可能会给出"人口太多，资源有限"的标准回答。这时还可以进一步问孩子：那为什么有很多国家鼓励生育，人口和国家的强盛有什么关系等。

　　让孩子在对这些矛盾的分析中去发现那些一般我们认为"对"的，但又并不一定完全正确的观念。与此同时，要鼓励孩子提出各种疑问，并尽量帮助孩子分析原因。在这个过程中，答案本身并不是最重要的，最重要的是孩子在这个过程中的思考。由于这些问题没有标准答案，容易为孩子创造轻松、平等、民主和自由的学习环境，这有助于提高孩子的观察力、分析力、判断力、创造力。

　　在孩子进入小学高年级以后，我们可以提供一些潜科学的问题让孩子思考。所谓潜科学，是正在研究、探索、准备发展的科学，是相对于已经有定论、大家公认的正在运用的显科学而言的。我们可以给孩子购买有关各学科最前沿的和正在研究的潜科学方面的书籍，如《不知道的世界》。我们还可以鼓励孩子从自然科学领域，通过百科全书或报刊找出人类尚未解决的、非常普遍但没有真正弄明白的问题，比如：在大爆炸之前宇宙是什么样？细胞是如何产生的？癌症产生的原因是什么？

让孩子更多接触社会实际问题

我们还可以提供更多能够让孩子感兴趣的事情让孩子研究。比如：

历史的研究，就是研究从前一些已经处理过的事情所运用的方法；

描述的研究，就是对某些事物的现况进行清晰而准确的描述；

实验的研究，就是为了获得某一结论，确立实验方法来证实这一结论。

以前央视二台有个节目叫《挑战极限》，讲的是如何应聘企业的高级主管。我和儿子一起看这个节目的时候，经常探讨不同参赛者的表现，评价他们的得与失，并让孩子假设，如果他是参赛者他会如何行动。对于节目中主持人提出的问题，我也让孩子进行模拟回答。孩子对这种节目非常感兴趣，当我们有意引导孩子，孩子不仅从别人的好方法中汲取经验，也能从别人的失误中受到启发。

南方电视台有档节目叫《今日一线》，讲的是社会各界对不良现象的投诉，以及记者的调查和有关部门的处理情况。虽然这个节目有一些猎奇性质，但对孩子来说，了解矛盾是如何产生的，如何分析矛盾，以及如何处理矛盾，都有非常大的教育意义，比学校单纯的课本学习更有意义。

我们也可以介绍一些科学家传记给孩子，跟孩子讨论科学家成功的原因和个人特性，对那些著名的创造者的创造过程进行分析。

4.7　孩子总也记不住怎么办

通过"教"来学习

"超极少年"有个四年级的女孩，悠悠球玩得非常好，很多孩子很羡慕，要跟她学习。于是，这个孩子开了个悠悠球训练班，在传授技艺的同时，她自己的球技也得到了很大的提升，并开始挑战更多高难度的技巧。这就是学习的另外一种非常有益的方式：通过教授别人获得自我提高。

　　科学研究显示，通过别人教的方式获取知识，能吸收10%的知识；单纯自己看可以获得15%；听和看结合，可以获得20%；与人讨论，可以获得40%；亲身体验，可以获得80%；体验后教给他人可以获得90%。教别人是学习的最高境界之一，教别人的过程和自我学习的过程，对孩子来说是完全不同的。

　　● 教别人的过程是重新梳理知识的过程。孩子在学的过程中，很多知识是死记硬背的，未必能够真正理解本质的东西。即使在做的过程中学习，也只是一个人的体验，也不够全面。但教别人的时候，来自不同人的不同体验，会帮助教者最大限度地理解知识。而且孩子在教别人的过程中，必须发现别人学不好的原因，这本身就是对知识重新理解的过程。

　　● 在教的过程中，孩子的表达能力会得到提高。传统的口才训练是单向、被动的；而孩子在教别人时如果表达不清楚，就不能责怪对方的理解能力差，只有提高自己的表达能力。

　　● 孩子的心胸会变得开阔。孩子在教别人的过程中，很可能别人会超越自己，这就需要有个开放的心态。如果担心别人超越自己，就应该让自己更强大。即使别人超越了自己，也应该欣然接受。毕竟这个世界比自己强的人很多，阻止自己的学生超越自己，也无法阻止别人超越自己。

　　● 间接地锻炼了孩子的商业头脑。很多学习好的孩子不愿意教别人，生怕别人超越自己，我们难以指责孩子这种心理，毕竟教别人是要花时间的，但有利益驱使就不同了。获利的动机让孩子更愿意发自内心地把自己所掌握的技能传授给别人，并不断改进教学方法。"超极少年"有个孩子，经常给乒乓球队的教练帮忙，她也经常会收到乒乓球队教练的礼物、奖金，这是她辅助教练教学的报酬，这使得她更乐于去教别人。

通过创造来获得知识

　　《哈佛女孩刘亦婷》一书中讲述了这样一个小故事：1999年，美国国会通过了一项特别决议，为一位蒙冤半个世纪、早已不在人世的二战美军军舰指挥官恢复名誉，同时表彰发现这一错案的一位小学生。在此之前，史学家一直认为，这艘美国战舰的沉没应该由该战舰的指挥官承担责任。为此，那位指挥官不仅受到了审判，而且被判有罪。但是这个小学生在历史课家庭作业中，在查阅资料时却发现了疑点，他决定要把事实查清，于是花了大量课余时间，锲而不舍地广泛收集证据，还亲自找了许多见证人做调查，终于获得了足以证明那位指挥官无辜的可靠证据。

这是创造知识的过程，在这个过程中，孩子主动学习既有知识，就可能有超越。日常生活中，孩子处理各种意外的过程就是创造知识的过程，如果家长急于帮助孩子，就会让孩子失去创造知识的机会。家长的帮助表面上让孩子获得了知识，但这和孩子主动获取知识完全不同，在创造知识中可以抓住知识的本质。

如何才能使孩子主动学习、创造知识呢？不妨从鼓励孩子收集各种有价值的信息开始。我们的孩子成年后，不管是升学、就业、结婚、买房，还是个人谋求事业的发展，一切机会来自对信息的把握，高效率获得信息是孩子们需要掌握的能力。事实上，成功的人往往花大量的时间用在信息的获得上。

一个人在走入社会后，获得信息的渠道有很多种，各种信息鱼龙混杂，难辨真伪。然而，孩子在学校的学习中，获得信息的渠道非常单一：书本和老师。课本是反复审定的，老师也是有多年经验，这就会给孩子一个错误的信号，认为老师和书本都是正确的。为此，我们一方面需要教给孩子更多、更有效的获得信息的方式；另一方面要让孩子接触更多无效甚至错误的信息，以提高搜集和鉴别信息的能力。

● 在和他人的交往中获得信息。

人是群居动物，每个人每天都需要从他人那里获得信息，学习他人的经验和智能，沟通协调，合作完成工作。所以培养孩子的人际交往能力是十分必要的。

通过和他人的交流所获得的信息更有效率。通过书本、媒体和在调查中获得信息，存在提取和甄别的过程，而从值得信任的业内人士那里可以在最短的时间内，获得最有价值和最可靠的信息。比如，有人向我推销基因检测项目，声称可以检测出可能潜在的疾病风险，如果从正向思维去听推销者的宣传，可以说无懈可击。但当我把信息发给业内非利益相关者时，给我的负面信息是我没有想到的，比如基因和疾病的关系并不存在一一对应关系，基因检测以每年20%的速度在降价。

在与他人的交往中可以获得独家的、最新的信息。人都是有好奇心的，我们常常愿意向别人分享自己最新获得的信息、知识和趣闻，当我们有足够多的朋友时，也就会得到别人及时的分享。我常常发现，那些待在家里的主妇，常常会比较迟钝、落伍，这与她们跟社会接触太少有关。

在和他人的交往中，可以通过交谈来释放对信息的疑问，得到的信息更加可靠。我们遇到的很多困难是知识匮乏或对知识理解不透彻造成的，即使我们在书本或者搜索引擎中查到了，也未必理解。反复提问的方式可以帮助我们确保信息的可靠性，这其实也就是咨询业兴起的原因。

要想通过与人的交往获得最有价值的信息，首先要培养社交能力，使得信息交流更有深度，也更有质量。为此，我们要鼓励孩子与人交往，尤其是鼓励孩子与比自己年龄大的孩子甚至是成年人交往。犹太民族是全世界公认的最聪明的民族，他们的智力开发跟他们的社交能力培养密不可分，其中最重要的特色就是从小经商能力的培养。

在经商过程中，利益的驱使会使得社交更具有目的性和动力。当然学习经商并不意味着未来要经商，而是经商是提高社交能力的最有效手段。成功的人之所以成功，是因为他们人际关系非常好。为此，我们要给孩子提供更多的社交机会。家长要重视培养孩子的人际交往能力，一个活泼开朗、乐于与人交往的孩子多容易受到同伴的欢迎和成人的喜爱，而且容易适应新环境。

● 直接观察和调查。

从现实中直接获取信息，可以弥补通过人际交往获取的信息"被加工"的缺陷。有时候信息传递者会带着自己的主观情绪，传递的信息可能并不准确。这就需要培养孩子观察事物的能力，养成不轻信别人的话、用事实来证明的习惯。

很多时候孩子会发现自己查获的信息跟别人告诉他的不一样，这个时候可以乘机锻炼一下孩子的观察能力。儿子和我经常会谈论学校发生的事情，为了保持孩子谈话的热情，我从来不会迫不及待地想借助某个事情来教育孩子，因为教育是靠体验而不是说教，无论孩子讲的事情多么离谱，我都会思考其中的积极面。这样一来，我们和孩子的谈话就会轻松愉快，孩子也愿意跟我们交流。这个时候，如果发现有与事实不符的东西，我们通过设问的方式，激励孩子去更深入地思考、更仔细地观察。

观察是孩子认识世界、增长知识的主要手段，在孩子的一切实践活动中，具有重大的作用。孩子通过观察，获得了一些知识，对一些事物有了一些鲜明的印象。观察和随便看看、随便听听是不一样的。观察力是一个人智力活动的基础，孩子观察能力的强弱决定着孩子智力发展的水平，想要发展孩子的智力，首先就必须把观察的大门敞开，让外界的信息源源不断进入孩子的大脑。把孩子观察的大门堵住，老是让信息吃闭门羹，孩子的智力不仅不会提高，反而会每况愈下。

● 通过各种媒介获得信息。

好的学习方法对于孩子来说就是通往未来的一把万能钥匙，在通往未来之路上，知识犹如路边仓库里保存的财富，如果掌握了科学的方法随时可以打开仓库取出里面的宝藏。孩子学习的重点是掌握学习的有效方法，而不是花费非常多的精力去记忆很多前人已经得出的知识。最优秀的孩子是掌握了学习方法而善于进行创造性学习的孩子，家长应该帮助孩子寻找适合自己的高效学习方法。而找到获取知识的途径就是其中非常重要的一点。

儿子12岁就带着两个同龄人到香港游玩的事情，让很多超极少年训练营的家长效仿。有个12岁女孩的家长，让女儿自己筹划去香港的路线。都说香港是美食天堂，女孩就筹划着去香港当一回吃货。对于香港一无所知的她开始在网络上查找相关信息，出发前就掌握了交通、住宿、目的地等所有信息。于是，她带着妈妈一路顺利地完成了这次出行。这就是通过网络渠道获取自己想要的信息非常成功的案例，现在很多家长谈网变色，因为网络的负面影响就完全杜绝孩子上网是非常不可取的做法。像电视、网络这些我们禁止孩子过多接触的媒介，可能会提供比书本更有价值的知识和信息，而且效率更高。电视和网络的弊端要通过引导而不是禁止来克服。

很多学校也会要求孩子查资料、讨论问题，但这些举措流于形式，有些只是要按照老师规定的轨迹去做。这反映了中外教育动机的不同。中国的教育动机是收敛的，比如，老师让孩子查有关李白生平的资料，答案往往是唯一的。在美国，教育动机是开放的，老师可以问：在你眼中，李白诗词有怎样的特点？如果学生的结论跟老师不一样，但只要言之成理，也能得到高分。

孩子上网只是为了玩，而没有利用网络学习，造成这种现象的原因在于，学校对孩子作业的质量没有评价，孩子不知道应该怎样做才能改进。为了克服学习内容与现实脱节的问题，最好的办法就是让孩子有更多的社会实践活动。在社会实践活动中，孩子会自动调整自己获得信息的方式，从而达到最佳的状态。

提高孩子的"硬件"能力

如果把大脑比作计算机，要想让计算机发挥最大功效，就要改善能提升它的运行速度的硬件。很多流行的智力开发形式更多是关注用脑的过程，这不是提升大脑能力的最佳方法。首先我们要弄明白人的大脑"硬件"是什么。我们可以按照大脑思考过程将大脑分为四个部分：感受区、储存区、判断区和想象区。这四个区应该均衡发展。在孩子的早教中，人们重点开发的往往是储存区和判断区，感受区和想象区的开发十分薄弱。储存区超负荷运行占用了孩子大量的时间，失去训练其他区域的机会。例如，有人统计，想象区的利用率不足15%。

在德国，有专门的立法禁止对学龄前孩子进行专业课程教育。国内现在早期教育市场很不成熟，不少企业抓住了家长"望子成龙"的心理，极力推荐自己的产品。而针对储存区进行的早期开发最容易衡量，这就让很多家长相信自家的孩子上了什么课程，就一定能得到什么样的潜能开发。我们说真正的智力开发常常是不花钱的教育，尤其是孩子在劳动过程当中的学习本应更有价值，却被忽视了。

一个具有发现问题能力的人必定是非常敏锐的，这种敏锐首先就表现在感官对外界各种信息的反应上。我们需要对外界的信号，包括视觉的、听觉的、触觉的、嗅觉的和味觉的信号作出迅速的反应。孩子反应能力的提高，可以大大提高孩子的思维敏捷性，这不仅反映在孩子说话的语速上，也反映在对事物的处理上。为此，我们要及早对大脑感受区进行开发，可以针对某些特定的感官进行专项培养。

音乐对智力的影响

美国加利福尼亚大学物理学家戈登·肖博士和威斯康辛大学心理学家弗朗西丝·劳舍尔博士在1993年研究报告中证明了音乐对智能提高的影响。大学生在听10分钟的莫扎特D大调钢琴奏鸣曲后，再接受某项能力测试，结果比听10分钟空白磁带和听10分钟消遣性内容的学生测试成绩高8~9分。让奶牛听莫扎特的音乐可以提高牛奶的产量，这种现象被称作"莫扎特效应"。

肖博士和劳舍尔后来在贫民区的学龄前儿童中做实验，他们把儿童分成四组：第一组上键盘音乐课，第二组上计算机课，第三组上声乐课，第四组除了常规课程外，不再上其他课程。六个月过后，上键盘音乐课的学生在空间—时间能力测试中的成绩比其他各组学生平均高出34%。美国加州大学的科学家证实，接受音乐训练的儿童智商明显高于其他同龄儿童；日本幼儿开发协会的母亲们证明，给宝宝听莫扎特小夜曲能使他们的孩子更加活泼聪明；美国国会议员及五百强企业的高级主管中，有近九成的人在幼年受过音乐教育。

音乐对孩子智力开发的影响力是显而易见的，但这并不意味着一定要让孩子学会演奏乐器，而是认识到孩子本身就是一件乐器，语言就是演奏的方式之一。我们跟孩子语言沟通越多，孩子越聪明、越爱交谈。伦敦语言与听力中心的华德博士和另一位治疗专家华凯对140名9个月大的幼儿进行研究，他们向其中一半幼儿的家长提供如何与幼儿谈话的咨询，对另一半幼儿的家长则任其发展。经过7年，华德再测试这些小孩，结果发现前一组的小孩不仅在语言技巧上远高于后一组，而且平均智力也高。华德博士指出，父母至少每天要花半个小时陪伴孩子，观察他们的眼神，并与他们谈一些他们感兴趣的事情。对于没有时间陪孩子的家长，我们不妨给孩子播放一些故事类的音像节目，避免语言过少的情况。

值得注意的是，这一试验在中国未必得出相同的结论，甚至可能得出相反的结论。因为我们对孩子说话更多只是单向的过程，总喜欢给孩子讲道理，指出孩子做的不合适的地方。要想真正开发孩子的智力，就应该鼓励双向的语言过程，尤其鼓励孩子要多说话。

在学校的课堂上，老师习惯于对上课说话的孩子严厉惩罚，这对孩子的智力发育十分不利，把孩子学习不好和孩子上课说话联系在一起更是错误。大多情况下，课堂学习往往枯燥乏味，孩子适当地说话，可以缓解孩子烦躁的心理。孩子说话的过程，是孩子主动性思考的过程，如果过分压制孩子说话，就是对主动性思考过程的压制，也是对创造能力成长的压制。在老师投诉孩子上课讲话时，家长应该给孩子更多安慰，至少不能成为老师的"打手"对孩子进行严厉批评。

如何鼓励孩子多说话呢？只要鼓励孩子多做事、多社交，就可以鼓励孩子多说话了，因为孩子在做事过程中，会有很多不懂的东西，自然会主动问我们，这就形成了双向互动的交流方式。

图像的学习印象最深

一个人接受信息和知识的方式有三种：图像、语言和文字。我们常感到困惑：为什么几十年前的事还清晰地印在大脑里，但是5分钟前听到的一个人名或半小时前放在某处的一块手表却怎么也想不起来了。一个人回忆中令他印象深刻的，可能是恐怖的状况或是恶劣、恶心的状况，比如车祸中人被撞倒，我们可以清晰地记得受伤的人衣服的颜色、哪里流血、什么东西摔在地上等。也可能是美好的景象，第一次看到心爱的女朋友或男朋友，或是第一次看到刚出生的小宝宝，或是看到一朵非常漂亮的花，或者一场很棒的电影等等，这样的图像在头脑里特别清晰。这种记忆不仅是昨天、前天的事，甚至是几十年前的画面都能清晰记住。从人类有记忆开始，人就已经有了接受图像的能力，而人类有语言的概念大概有几万年，而有文字的概念只有两千年。

这就不难理解，电视作为一种教育手段是其他媒介所不能替代的。最好的知识传播媒体应该是以图像和语言为主的，电视正符合这一条件。孩子从优秀电视节目中所接受的信息量和知识量要远大于从课堂获得。例如，在学龄前，孩子多看迪斯尼的动画片没有错，这些不乏思想性、想象力和幽默的动画片有利于孩子的智力开发。

等孩子上了小学，应该允许孩子看涉及经济、政治、历史、法制、就业等领域的电视剧和专题报道。这些节目更多的是反映人与人的冲突，观看这类节目，是除社会实践外提高孩子处理各种问题的能力最有效的培训方式。在看电视这件事上，家长们往往容易走极端，要么放任孩子去看，要么完全禁止。小学生每天观看电视的时间控制在一个小时以内为宜。

有这样一个说法：能用表格说明的，就不要用文字；能够用图片说明的，就不要用表格。图像更利于理解和记忆，因为图像可以清晰地展现出各种事物之间关系，更容易进行分析、归纳和总结，成为做出判断的依据。每个人年幼的时候，其实都具备非常丰富的图像识别能力和想象力，只不过在成长过程中，长期习惯用理解或用背诵的方法来学习我们要学的东西，渐渐忘记运用图像法这个更有效率的方法。

一般来说，在孩子一两岁时，我们可以着手培养孩子的艺术能力，比如通过多看图片、带孩子去动物园、对不同图形进行辨别，来提高孩子的观察力、记忆力、手眼协调力等。女儿11个月的时候，我就开始尝试让她涂鸦，孩子第一次涂鸦特别开心。到孩子两三岁时，我们可以让孩子观察人们画的画、捏的泥、折的纸、拼的图和其他手工，让孩子观察这些手工的制作过程并实践，了解完成这些工作所用的材料和方法。等到孩子4~6岁时，可以让孩子先掌握一些基本的技艺：像画笔的运用、捏泥的连接技能、折纸和粘贴等。然后，就可以让孩子进行一些简单的创作：对画面进行布局，按物体选用不同的颜色等，而不是临摹大人的东西。在孩子的创作过程中，不要局限于对物体结构、色彩、大小的认识，而是要进行大胆的想象。7岁以上的孩子已经可以开始真正意义上的创作。在孩子创作过程中，我们如何要求孩子非常重要，切记不要给孩子太多技术性的要求或创作目的性的要求，不要阻止和干涉儿童的创作热情，要和孩子分享创作的快乐，从而激发和提高孩子的创造力。

还有一项非常重要但很多家长忘记纳入孩子的智力开发之中的学习，对地图和方向的识别。建立孩子对方向的认识，不仅要让孩子掌握一些识别方向的基本方法，还要让孩子学会通过地图查找目的地。这不仅是人生必要的技能，也是开发孩子大脑硬件的重要手段。地图识别符合智力开发的双向互动原则，孩子也会非常喜欢的。我们不妨来到一个新的城市，让孩子来帮我们识别要去的地方。现在有了导航，开车时可以让孩子借助用导航来指引我们要去的地方。

反应能力的提高从提高孩子的感统能力开始

学龄前的儿童处在生理发育的高速期，这个时候要提高孩子的基本反应力，这是整个幼儿阶段智力开发最重要的内容。我们可以从一些小游戏入手训练孩子的感官反应。比如"指鼻子"游戏，在说出某个器官的名字时，让孩子迅速指向这个器官。随着孩子反应能力提高，还可以提高游戏的要求、增加难度。比如告诉孩子，在发出指鼻子的指令时要指嘴巴，发出指嘴巴的指令时要指耳朵等。

一些简单的电子游戏也可以练习反应力。儿子上幼儿园时，反应很慢，有时叫他名字，半天没有反应。另外，儿子一只眼睛严重弱视，视力只有0.2。为了治疗他的弱视，我给他买了一个弱视治疗仪，可每天要花很长的时间训练，孩子也没有兴趣。后来，我给孩子买了一个游戏机，专门挑那些需要反应能力的游戏，比如打飞机、跨越障碍之类的。把孩子视力好的那只眼睛遮住让他玩游戏，结果，效果出奇的好。孩子不仅视力在半年内提高到了0.8，反应能力也大大提高。

等到孩子再大一些，我们可以通过安排任务、旅游等形式，有意识地引导孩子观察周围的一切，引起孩子对客观事物的兴趣以及对事物变化的敏感性。比如可以引导孩子观察人物特征和内心活动、日常生活用品、自然现象等。而进行这些训练的前提是不要让孩子过早地进入课程学习。

举一个提高反应能力练习的例子：在故事片影碟播放一半时停止，要孩子回想刚刚所播放的内容，预测将发生的情节。然后再把整个影碟完整地放一次，让孩子做比较。此外，我建议最好不要让老人带孩子，老人做事效率和反应速度比较慢，这些都会影响孩子。

4.8　智育无法逾越的基础——体育

"感统失调"

有些来超极少年训练营的孩子曾经被学校老师投诉注意力不集中，家长们为这个事也是头痛不已，甚至认为自己的孩子故意调皮捣蛋。其实注意力不集中是低年级孩子普遍存在的现象，家长有时夸大了孩子的问题。但有些孩子注意力不集中是感统失调导致的，这就要引起我们的重视。感觉统合是指从人体各器官的信息输入经大脑控制、组合，完成对知觉的反应。只有经过有效的感觉统合，才能协调人体的整体作用对外界环境的顺利反应。感统失调不仅导致孩子注意力不集中，还会导致自制力差、做事粗心等问题，间接地影响了孩子的智力开发。

感统失调主要跟我们错误的早教方式有关。人在成长过程中，首先应该发展体能训练，充分的体能训练才是智力开发的基础。美国明尼苏达州立大学教育学教授莱尔·帕尔默（Lyelle Palmer）的研究发现，运动刺激对5岁儿童的健康成长至关重要。没有充分的体育锻炼，儿童各方面发展就会受阻，因此，每天参加体育活动应作为孩子早期教育最重要的部分。

在电脑游戏出现之前，孩子们很少有感统失调问题，这是因为那时孩子玩的绝大多数游戏都跟训练感统有关，比如踢毽子、滚铁环、跳绳、跳皮筋、抽陀螺等等。这些上千年来沉淀下来的游戏和玩具符合孩子成长过程先体育后智育的正常顺序。现在的孩子，出生后家长天天抱着，尤其是没让孩子经过爬就会走路，孩子静坐多，活动少，过分限制孩子的活动范围等。这些问题在孩子幼年时也许不会表现出来，但是到了学龄期，就会在学习能力和性格方面表现出各种障碍。很多孩子被过早地进行认字、计算、弹琴等智力开发，很多人以为让孩子学习围棋、小提琴可以提高注意力，这是不懂教育。

体育锻炼从孩子一出生就可以开始，比如抓住婴儿的手臂，像直升机桨片一样旋转，这样的活动对脑部发育很重要。孩子有了一定走路能力后，自己就会要求走高台或者平衡木，我们要予以鼓励。孩子稍大一点儿就可以穿单排滚轴旱冰鞋练习滑冰，4岁的孩子应能熟练地跳绳。

瑞典脑前庭刺激研究专家马茨·尼克拉森和艾琳·尼克拉森在实验中发现，蹦跳和转圈对许多孩子来说是理想的运动，尤其是那些被诊断为有严重智力障碍的孩子。而很多家长在孩子上蹿下跳时会因厌烦而制止，这就阻碍了孩子正常成长。智力开发有这样的法则：孩子特别想做的事情，往往是更重要的事情。

体育锻炼是智力开发的基础，是情商教育的最重要手段

对体育的忽视在当前是十分严重的，由于安全方面的顾虑，很多学校都会减少孩子们的运动时间，甚至有些老师在临近考试期间直接把体育课改为文化课。实际上，提高体育技能所需的观察力、记忆力、思维力、想象力、逻辑判断能力以至于动手能力和协调能力等，正是智力的构成要素。

● 参加对抗性体育项目是提高反应力的最好手段。儿子在学龄前反应比

较迟缓，上小学后开始发生很大变化，到了中学，他在很多方面的反应能力比一般的孩子强，这都得益于体育锻炼。

在超极少年成长训练营课堂上，我们会经常安排孩子们打拳击，无论参赛的营员还是观战的营员都处于高度兴奋状态。对于对手的每一次攻击，孩子们会思考应该用怎样的方式反击，用脑需求激增。在体育比赛中，除了人的身体在激烈运动当中，大脑也处在高速运转当中。

● 体育是培养开放性思维的很好课程。体育没有满分概念，考核标准既简单又明确，孩子们为达成目标，可以开发更多的方式。尤其是集体类体育项目，胜利更没有固定模式。这样的开放性思维是培养精英思维所需要的。

● 参加体育活动可以帮助孩子们建立规则观念。集体类项目是所有体育项目中规则最多，也最容易产生犯规现象的。人不会盲目遵从规则，但也不能随意犯规。怎么取舍，完全根据犯规所付出的代价和收获来决定，这其实是精英的思维方式。参加体育活动有利于孩子从小建立对规则意义的正确认识。

● 体育对情商教育也格外重要，甚至可以说，体育是情商教育最重要的手段。因为，体育锻炼养成的勇气、自信及胆大心细的作风可以受用终生。体育比赛胜败频繁发生，让孩子从小体验成败，就会看淡成败，学会如何迎接挑战，有强烈的竞争意识、自信心、敢于做决断的心理素质。体育集体类项目的成败不仅取决于个人的能力，更取决于团队的合作。在集体类项目中，团队的合作也是一种整体的思维方式，可以帮助孩子提高整体思维能力和团队合作意识。

体育课应该成为孩子早期教育中最重要的课程

有个很有意思的现象，越是事业取得一定成就的人，越是对体育情有独钟，他们对自己身体的管理显示出同样优秀的才能。有一位体育评论员说过："同为奥运金牌的大赢家，中国是一个不乏天才运动员的奥运强国，而美国则是一个全民体育强国。"美国产生企业家最多的反而是西点军校，这也反映了体育的影响力。在发达国家，体育常常成为用时最多的课程。相比美国大多数家庭对孩子体育爱好的重视——他们陪同孩子一起玩、一起做训练，中国的很多家长没有深刻意识到运动与孩子成长的关系。

儿子幼儿园和小学期间，他的身体状况和智力发展水平和同龄孩子比都存在差距。我把孩子教育的重点放在了体育上。这样坚持一年后，孩子的体育成绩从全班倒数第一，跃升为正数第一，跆拳道也获得了广东省的第三名。事实证明，正是这些努力对后来的智力开发起到关键性的作用。等女儿到来后，我更是把体育训练作为早期教育中的重要组成部分。半岁的时候，就带她去游乐园玩滑梯、秋千、转马等幼儿游戏。平时也尽可能不限制孩子的运动，让孩子满地爬。当然，我也注意到孩子的安全问题，在所有可能对孩子造成危险的桌角，都安装上了防护装置，以确保孩子可以最大限度地自由活动。孩子再大一点，我经常鼓励孩子参与各类活动：转呼啦圈、跳绳、做操、翻筋斗、打滚、攀爬、滑行、跳跃、走平衡木等。一旦体育训练和智育训练发生矛盾，智育训练要给体育训练让路；否则，会使孩子的运动机会减少，造成智力"硬件"开发的停滞。

如何选择体育项目也是很有讲究的。运动类课程不仅要考虑教育的动机，还要顾及孩子喜欢玩的心理，多给孩子选择那些趣味性的项目。所谓趣味性课程有两个特征：一是有人与人之间的互动，二是有更多的变化。像球类项目就比较符合这一特征，而长跑、举哑铃就不符合这一特征。体育项目有个人竞争类，比如羽毛球、跆拳道等，还有团队竞争类，比如各种集体球类。就综合素质培养而言，团队竞争项目比较好，但团队竞争项目容易受到环境的限制。体育项目还分技巧类项目（比如各种球类）和耐力类项目（比如长跑），注意力不集中的孩子多练技巧项目，身体素质差的孩子多练耐力项目。比较小的孩子可以技巧类为主，这样有利于提高孩子的学习兴趣和感统能力。孩子比较大了，可以增加孩子耐力类项目，这有助于孩子身体素质和耐力的增强。

第五章

培养缜密的逻辑思维

··

培养逻辑思维，不仅是孩子的事，也是父母们应该学习的事。本章更多的是讲述方法，偏向理论，父母们如果能细读并加以应用，一定会有意想不到的收获。

5.1 规则——创造的结局

透过现象看本质是一种智慧，更是一种禀赋

2006年，臧勤成为新闻人物。这位没有大学文凭的上海出租车司机出现在微软公司管理人员的课堂上，原定20个人的小型"经验交流会"来了50多人，45分钟的演讲，8次被热烈的掌声打断。他的演讲被微软员工们称为"最通俗、最富激情的一次讲演"。这个轰动一时的故事源于微软公司高管刘润搭乘臧师傅的车去机场的路上，臧师傅与他的闲聊，谈到了出租车的成本核算、风险控制、接客技巧等，刘润吃惊不已：这个红海行业也有大学问啊。

当时，臧勤所属的大众公司，一般一个司机每月赚三四千元，做得好也不过五千左右。而臧师傅却有八千以上的稳定收入，在大众两万司机中凤毛麟角。很多人认为他有很多固定的长差业务。其实，臧师傅从未跑外省的业务，超过200元的生意也很少，大多是20至50元的小单。臧师傅也不违法乱纪，从未出过事故，也没被投诉过。那他如何实现自己的利益最大化呢？

首先是精打细算，每天哪个时段应去哪里等候，该接哪类客人，他了然于胸，有一套自己的谋略。成本不能按公里，而要按时间计算。每天开17个小时的车，上交380元，油费210元左右，平均每小时成本就是34.5元。每次平均载客时间10分钟，两次载客之间的空驶期平均7分钟，起步价10元，这就意味着每人10元要花17分钟、9.8元的成本，根本不赚钱。每天17时半到18时半是用车高峰，但又是堵车时段，一单15元的生意要耗15分钟左右，虽然至少10分钟的堵车可增加4元收入，但近半个小时只有19元进账，一个小时成本就是38元，这是赔本买卖。于是，高峰时段他吃晚饭，听广播，放松休息一下。6点半过后，路况好转，生意一茬接一茬。9点过后，司机大多去吃晚饭了，可这时是商务楼内加班员工的下班时间，他们一般不会坐地铁，而是打的回家，公司报销。一般司机都在早上7时左右开始做生意，一直干到次日凌

晨三四点，而臧师傅却提前2小时交接班。在他看来，别的司机通常在早上5至7时交接班时，一般不接长差，这正是他做生意的机会。

有一次，有人打车去火车站，按照该顾客所指示的行走路线，要花50元，虽然路程短，但因堵车可能用时要50分钟。按照臧师傅设计的线路行走，虽然打表会超过50元，但时间只需要25分钟，他愿意只收50元。顾客接受了臧师傅的建议，快了25分钟。虽然油钱多花1块多钱，但却买了25分钟，按照他一小时成本34.5元的算法，而不是通常每公里成本0.3元的算法，他就省了10元左右。

在臧师傅眼里，客户是要有选择的。一次在医院门口，一个拿着药的，一个拿着脸盆的，显然拿脸盆的十有八九会走远路，果然是去青浦。一次中午在人民广场，三个人招手，一个小姐拿着小包，一对情侣两手空空，一个男子身穿绒衬衫，外套羽绒服，手持笔记本包，臧师傅毫不犹豫地停在这个男子面前。在臧师傅看来，还有十几分钟就1点了。那个小姐应该是中午从公司溜出来买东西的，那对情侣应该是逛街的，而那个男子这个时候外出，估计不会近，果然目的地宝山。

当很多司机都抱怨，生意不好做啊，油价又涨了啊，可臧师傅总是从自己身上找原因。

一天，臧师傅发现，在南丹路搭车的人常去田林，他就好奇地问乘客原因，人家告诉他，南丹路有个公共汽车总站，乘客都是坐公共汽车从浦东来的。臧师傅意识到，没有写字楼和酒店，只有公共汽车站的地方，在这里拦车的多半都是刚下公共汽车跑短途，客户消费通常不会超过15元。

有一次，臧师傅要收乘客20元，可那个乘客说他以前同样的距离只要18元，臧师傅立即同意只收18元。在他看来，如果因此和乘客发生争吵，不仅耽误了赚钱的时间，还坏了一天的心情。

当很多司机抱怨"又堵车了！"时，臧师傅却在欣赏现代化的高楼大厦。当遇到红灯时，臧师傅会放一粒瓜子或者五香豆到嘴中，感觉就像自己开着私家车在马路上兜风。

常规性思维和创造性思维并不存在鸿沟

臧勤的事例给热衷于MBA课程的人们以启示：循规蹈矩产生不了商场赢家，小人物也可以有大思维。所有的知识不是孤立的，它们之间的相互联系我们称之为结构性知识。与之相对应的应用性知识是无限的，并且不断更新。一个人无论有多聪明，他所学到的应用性知识毕竟有限，但掌握了结构性知识就是掌握了知识的本质。这如同物质结构中，分子有无数种，但原子只有八十多种，而到基本粒子，只有质子、中子、电子三种了。掌握应用性知识的孩子和掌握结构性知识的孩子，一开始学习的时候，成绩并没有差别，但随着学习的深入，两者的差异就会越来越大。

德国学者沃尔施勒格认为："创造力是揭示新的内在联系的能力，是理智地改变现行规范的能力，使用创造力，可使问题在社会现实中得以普遍解决。"而创造力对于孩子们来说就好比"点石成金"的技术。如果家长们没有能力给孩子金块，那么，就教给孩子"点石成金"的功夫吧！

"点石成金"的功夫其实并没有什么神秘之处，除了我们前面提到的创新性思维方法外，用现有方法解决问题的常规性思维也是必不可少的，甚至是人一生当中绝大多数问题的解决途径。很多问题，只要按照一定的思维步骤去做，都会得到很好的解决。这样的思维方式恰恰是我们的传统教育中非常缺乏的。

5.2　常规思维第一步：发现问题

六W检讨法

有个孩子刚来超极少年训练营时，性格非常内向，父母很着急，想改变这种现状但不知道如何下手。这个问题最关键的地方其实是，父母本身对问题缺少清晰的定义。什么叫性格内向呢？要是父母进一步想想，具体到诸如孩子不跟熟人打招呼、不愿意当众发言等事情上，就可以采取针对性的措施，改变孩子。比如见到陌生人要叫"叔叔""阿姨"就可以有麦当劳吃，不叫就坚决不带他去。一开始孩子虽然会比较勉强，但心障一旦打开，就很容易突破了。当这些问题解决了，又可以用新的标准去要求孩子，比如是否愿意邀请小朋友到家里来，或者去小朋友家里玩等等。

在做任何事情前，首先要有清晰的目标。克服我们的理想状态和真实状况之间的差距就是我们的目标。如何明确目标？"六W检讨法"是个非常好的方法。

所谓"六W检讨法"是从为什么要做（why）、何人做（who）、做什么（what）、何时做（when）、在何地做（where）和如何去做（how）这六个方面分析概括人们各种活动中常见的行为。采用"六W"的方法，可以设计出比较周密的行动计划来，是训练孩子设定目标很好的手段。

我鼓励儿子争取成为各种活动的负责人。他要想组织好，首先就要明白为什么要做（Why），这就是活动的内容和目标：生日庆典要热闹，游戏活动要开心，家庭旅游要符合参与人的需求。很多情况下，好像目的是清楚的，实际上并不清楚，这就会影响活动的效果。比如，自己举办生日庆典并不是要让自己高兴，而是通过嘉宾的高兴来使自己高兴，那就不能把活动环节设置成让嘉宾来了后自己独自玩。

接下来就要定什么人（Who）参加。生日会是维护朋友关系的好机会，可以联络平时没有机会来往但很重要的朋友。

再下来确定要做什么（What）。确定了生日会的目的是让嘉宾们高兴后，就要选择那些参加人都喜欢玩的项目，要为玩做准备，以保证来的人都有得玩，另外还要准备招待来宾的食品。比如组织大家去游乐场，首先就要了解这个游乐场有哪些活动项目，是否有足够的接待能力，设计好旅游路线。为了能让所有人都大有收获，组织者可以准备一些备选方案供大家选择。

现在的孩子学习任务重，在安排活动前就必须了解所有参加人是否都能在约定的时间（When）来。选择活动举办地（Where）也很重要，有些地方，家长送不了或者不同意去，这都是要考虑的。比如儿子曾经组织去香港，这必须和参与者的家长事先协商好。

另外，招待同学的费用我往往只给孩子报销一半，其余钱都得由儿子自己想办法。他就会努力做到少花钱、多办事，这就是如何做（How）的问题。孩子们要有预算，保证所有可以得到的资金能够被充分、有效地利用。除此之外，可能还要安排团队中不同成员的角色，分配他们任务。

通常经过这六个步骤，孩子的计划会合理而具有可执行性。每次活动肯定都会存在不尽如人意的地方，这个时候，不要指责孩子，父母依然可以按照"六W检讨法"帮他分析问题出在哪里，为下次活动提供经验。经过这种长期训练，孩子头脑中会很自然地形成"六W"概念，孩子做事的逻辑思维能力会得到大大的提升。这也是常规性思维向创造性思维飞跃的过程。

三段法分析

当我们面对复杂而纷乱的问题时，往往会感到无从下手。比如有个班不小心成了全年级最后一名，有些老师情急之下经常把全班人留下来，并对所有的孩子进行批评。这样的做法只能加剧老师和孩子之间的对立。当我们把所有的孩子都当成有问题的孩子时，就难以应对了。

其实，老师不妨把孩子分成三类：第一类好的，比过去有进步；第二类一般的，没有进步也没有退步，这类人可能占了大多数；第三类差的，有退步。对待这三类人，采用不同的方法：对第一类孩子，给予表扬，以此来带动其他孩子；对第二类孩子，可以暂时不管；重点放在第三类孩子身上，努力发现他们的问题，并帮助他们改进。

当我们这样进行分类时会发现，那些真正需要得到帮助的孩子并不多，虽然他们的问题多，但和其他孩子比有更大的上升空间。改进他们的问题对其他孩子有更好的示范作用，可以大大简化问题的复杂性。

不要把所有的问题"一视同仁"。我们要有侧重点，讲究方法。比如学习差的孩子，往往每门课落后的程度并不相同，我们可以针对那些落后程度大的课程或者容易提高成绩的课程下手。具体到一门课中，孩子也许有很多没有搞懂的知识点，但要从影响最大知识点入手。对于其他问题只能暂时先放一下，即使这些问题产生了不良后果，我们也先接受。等当前的侧重点产生了明显的效果，孩子的自信心增强后，再把重点转移到其他方面，这样可以最大限度地解决问题。采取这种方式还有个好处，解决问题时家长的言传身教会让孩子学会抓住重点，逐步解决问题，而不是轻言放弃。

5.3　常规思维第二步：观察现象

属性列举法（Attribute Listing）

解决问题的方法往往藏在产生问题的原因中，这就是"对症下药"。观察要诚实地描述现象，而不是凭主观意愿。比如，孩子注意力不集中最常见的原因是感统失调，当发现孩子确实存在感统失调而按照感统失调进行纠正时，却未必能达到预期效果。这是因为导致孩子注意力不集中的原因可能还有任性，甚至是其他更重要的原因，解决的方法并不相同。

每个事物都由若干个必要的属性（即要素）构成，相同功能的事物具有相同的属性项目，只是属性的内容不同而已，我们可通过比较差异做出选择。比如我让儿子去超市采购带到学校用的水壶（之前孩子用的水壶漏水），商店有很多种水壶，同一种水壶在不同商店还有不同的价格，儿子应该怎样做出选择呢？

● 属性特性列举：把商品的具体特征（比如材料、制作工艺、形状、颜色等）和抽象特征（比如价格、功能、可靠性、实用性等）列出来。在列举时，要选择那些真正有价值的项目，如果对颜色没有讲究，那就不要把颜色列入属性列举之中。然后，将列举出来的各种特征进行内容分级（比如颜色有红、蓝、白等）和程度分级（比如质量等级有优秀、良好、一般、差）。

● 现状特性列举：孩子现在选择的水壶，要针对原来用的水壶来做一个比较，特别是那些明显需要改进的项目，比如漏水，更要侧重比较。这里需要特别注意的是，人们在解决问题的时候，往往只是针对所存在的缺陷展开，这就有可能解决了旧的缺陷，又产生了意想不到的缺陷。为此，我们在现状特性列举时，不仅要列举有问题的特性，还要列举其他特性。

● 目标特征列举：先把自己的期望全部列举出来，在列举时先不要去考虑可实现性。如果一开始就进行可行性确认，可能没有一个方案是合适的，也可能是认准了一个方案而放弃了更好的方案，这些都是人们在决策中经常犯的错误。

● 现实特征列举：期望目标列举出来后，就要回归到现实中，通过取舍，选择最佳方案。当无法实现最佳方案时，就要根据现实条件，对目标特征进行修改，直到方案可行为止。

水壶的属性评分表

项目	权重	现状	目标	商品 A	商品 B	商品 C
密闭保护	10	0	10	10	7	8
耐用性	6	3	10	10	7	10
体积	3	10	10	10	10	7
重量	8	10	10	7	8	6
价格	10	10	10	0	9	6
评分		228	370	248	296	269

按照上述分析，商品B是最后的选择，综合评价最好。

儿子采购水壶时，将自己理想的水壶和现在柜台有的各种水壶进行比较，不仅包括性能，还要衡量价格。在他做出最后决定后，我问他为什么要做这样的选择，他告诉我，他发现这个水壶有两个盖子，其中里面的盖子是软的，这样有利于密封。

儿子11岁的时候，我尝试让他采购一台激光打印机，孩子问我要什么牌子的，价格多少，我告诉他，他所想问的任何问题，我一样都不知道。

　　第一次出去，孩子很快回来汇报自己的信息收获：同样柜台上发现了一种品牌中的两个型号，分别是1480元和1580元。我问他是否知道这两款打印机的性能差别，售货员告诉他主要是外观上的差别。我再问他外观对我们家是否重要，孩子摇头。如果只有这两种选择的话，不是很清楚了吗？但市场上是否只有这两款打印机呢？这两个价格是不是最低的呢？于是，我问他："你出去买东西，选择东西最基本的信息是什么？"儿子回答，一是款式，二是价格。显然在这两个方面孩子得到的信息并不全面，于是他再次出去。

　　他第二次回来后，不仅记录了卖上述两种型号打印机的三家摊位、有哪几款其他型号打印机，还去自由市场上打听了价格，而且又在附近一家超市打听了价格。这样就对价格信息基本上清楚了。与上次相比，儿子考察时在属性内容方面增加了厂家、功能、经销商等信息。让孩子从小学会"现状分析——目标分析——差距总结——弥补差距"的方法，并不是要把每一次购物整得这么复杂，而是通过这样的思维训练，孩子会养成解决问题的良好习惯。

　　而我们家长在这方面要明确的是，我们对孩子的期望是什么。

　　就以培养孩子为例，培养孩子的目标是什么，很多家长并不是很清楚。孩子的学习实际上有这样一些目的：技能、素质、文凭。不同的目的有不同的考核目标。我们说孩子学习弹钢琴是为了培养素质，但却用了技能的指标考核孩子学习的成果。结果很多孩子钢琴弹得很好，但并没有音乐素质。学习最基本的目的是为了获得生存技能，但我们却用考试成绩来衡量，这就造成了一毕业就失业的窘境。

5.4　常规思维第三步：解析问题

可以套用现成方法的问题

　　在完成了发现问题和现象观察之后，就要剖析各种现象之间的关系，找到问题最根本的原因。一种现象可能有多个原因，也有可能多个现象总结成一个原因。比如，注意力不集中有感统失调和任性两大原因，而注意力不集中和多动可能都是感统失调引起的。然后，进一步进行区分，哪些是主要因素，哪些是次要因素。最后还要对判断进行验证。

人们面对问题时有恐惧心理，很大程度上是问题产生的原因太多了。然而，当我们按照影响程度和解决的难度进行分类、解决时，我们会发现，问题并没有想象的那么可怕，尽管导致问题的原因可能有很多种，但真正产生重大影响的因素往往比较单一。有些问题虽然看起来解决难度很大，但我们能够分解成若干个步骤，也会变得比较容易解决。比如，孩子作文写不好，我们就把培养写作能力分成表达训练、想象训练、非命题作文和命题作文四步，分步进行，这样问题的解决就会简单多了。

在这个过程中，建立知识结构和要素分解最重要。要按结构性知识对应用性知识进行要素分解。由于一个应用性知识可能包含几个结构性知识要素，只要有一个要素没有掌握，就会对整个应用性知识无法理解，这就可能造成差距很大的假象。当我们能够针对每个要素进行分析，找出每个要素的差距，采用有针对性的训练，就能达到最佳效果。

学习一定要从知识的结构入手

什么是知识结构？以小学数学为例，每个年级所学的知识都属于应用性知识，每个应用性知识又包括结构性知识中的多种要素，我们要鉴别出所要讲授的材料中那些一般或普遍的原理或要素。当孩子出现问题时，就要从要素分解图中找到问题的真正原因在哪里。

很多学习成绩很好的孩子在进入高中后会出现成绩大幅度下滑的情况，我们武断地认为孩子没有认真地学习，其实真正的原因往往并非如此。真正的原因是孩子只是记住了应用性知识，而并没有理解结构性的知识。在学习内容还不多的情况下，这种学习方式很难发现其弊端，但随着知识记忆量的增加，孩子学习的后劲明显就会不足。

我看到很多学习英语的人，特别是小学生，是这样记单词："close, c、l、o、s、e; slide, s、l、i、d、e; race, r、a、c、e……"本来只要告诉孩子读音规则，他就知道"开音节发字母音"，同时学习了基本音标，这些单词就十分好记了。而现实状况是小学不怎么学习读音规则。这样不但效率低，而且一开始就给孩子这样的印象：知识就是一大堆要记的东西。又比如，有这样一道题目："与中国接壤的国家有哪些？"作为应用性知识，孩子可以死记跟中国接壤的国家；而如果学习地理的时候是按照东亚、东南亚、南亚、中亚这些概念归类去记忆，本题答案就在这些概念之中，就不用死记硬背了。记忆结构性知识虽然所花的功夫更多，但可以涵盖更多类型的题目。

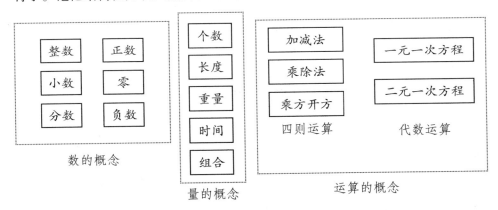

小学数学知识要素分解

我们绝大多数的教育工作者并不是没有意识到应用性知识和结构性知识的区别，但是掌握结构性知识的能力是难以定量考核的，而学校多是用可以定量考核的指标来衡量孩子，学习结构性知识的效果不会马上显现，甚至增加了孩子的负担，因此大大忽视了结构性知识的教育。

5.5　常规思维第四步：提出构想

提出解决问题可以根据需求提出多种方案

完成对问题原因的分析、综合和分解，我们就可以探求可行的对策，方案越多越有利于决策的选择。有时决策并不是在所有方案中选择一个，而是集合各方案的优点设计一个新方案。实际上，所有的解决方案都存在优点和缺点，我们应如何选择？人们在被一个问题困扰时，往往只是针对这个问题提出解决方案，结果旧的问题解决了，新的问题又出现。这就意味着，当我们确定了某个方案时，就要接纳这个方案的缺点，而不能只接纳优点。

对于比较复杂的问题，如果方案还无法确定是否是最优的，我们可以根据我们的构想，设计出低成本的实验方案，用实验来验证我们的构想是否合理。比如，儿子刚开始数学不好，我怀疑儿子在五年级的时候连数学的分配律还没掌握，我就出几道难度比较大的有关分配律的题目，然后看着他做题过程，很快就确认了。

形态分析法

形态分析法（morphologicalanalysis）是把研究对象或问题分为一些基本组成部分，然后对某一个基本组成部分单独进行分析处理，分别提供各种解决问题的办法或方案，通过不同的组合关系可以得到不同的总方案。下面是我让儿子参与家庭装修的例子，来看如何运用形态分析法。

● 按特征列举尽可能多的有关要素。比如装修风格、主要装修材料、装修方式、装修价格。

● 列举出每一独立要素的可选元素。比如装修风格有欧洲传统式、中国传统式、现代式，装修材料有木、瓷砖、合成材料等，装修方式有包工包料、只包工不包料、不同工作包给不同单位等。

● 将一些元素进行排列组合，形成许多方案。比如欧式瓷砖风格、中式木造风格等。

● 结合资源制定评价方案的标准。这就要根据自己的需求和条件，确定每个要素的权重，比如我们将装修风格规定加权系数为10，材料选用的加权系数规定为6，价格系数规定为8。

● 用已制定的标准考核每一独立要素的可选元素。如我们喜欢欧洲传统式风格，我们给其最高分；我们想用瓷砖做主要材料时，瓷砖为最高分。所有方案中，价格最低者分数最高。单个要素最优方案为10分。对各个要素的评分乘以权重的和就是某个方案的总评分。

● 选择总评分最高者为优选方案，对所选方案做进一步的论证和修改。

在这一过程中，孩子学会了"要素列举—评价标准的确定—方案选择"的方法，学会系统思考，就把复杂的问题简单化了。

触类旁通，举一反三

我们前面所提到的要素分解，是对一个边界封闭的概念进行要素分解。比如，颜色的概念可以分解成赤橙黄绿青蓝紫等。然而，在一个人的创造性劳动中，人们更多地需要扩大一个概念的外延。比如，扩展蓝色的外延，就产生了赤橙黄绿青紫。

"举一反三"包括了两个思维发展过程：一是由合而分的过程，就是使熟悉的事物变得新奇、陌生。比如，说出足球的用途。足球除了作为足球运动所采用的球，也可以当篮球、排球用，很多足球连接在一起还可以作为救生圈用。二是由分而合的过程，即使新奇和陌生的事物变得熟悉，在这一过程中，主要是增进孩子对不同新奇事物的理解。

将原本不相关的各种元素加以整合，有这样几种具体的方法：

● 狂想类推。尽可能让孩子以不寻常的思路去联想，不要考虑其合理性或是否牵强附会。在孩子产生各种不同的狂想之后，再引导孩子回到原来的观点进行切实可行的分析和评价。

例如，让孩子充分发挥想象力："请问，古埃及人建造金字塔时，用哪种方法运送巨石最理想？"孩子可能会说："用超人来搬走""用气球搬运它"、"用好多的小蚂蚁来搬动"等等。在孩子的这些回答中，任何想法都有其合理性。"用超人来搬走"说明搬运需要大力士；"用气球搬运它"说明在搬运时要设法省力；"用好多的小蚂蚁来搬动"则说明搬运时靠人多。把这些回答中的有益部分提取出来，就可以组合出更为接近现实的方法：由很多身强力壮的人，借助某种省力的工具去搬运。

我们还可以让孩子在看完电视剧后，想象如果自己是剧中某个处在困境中的人物，应该怎样行动，如何才能摆脱困境。分析剧中人在处理危机时的方法有哪些问题，而自己想出的方法是否能够帮助走出困境。在孩子没有什么太多办法的时候，让他借助在其他电视剧或其他途径所学的方法。

● 直接类推。对两种性质不同的事物，用实际生活中已经有的经验解决新出现的问题，起到触类旁通、举一反三的作用。或直接比较相类似的事实、知识或技术，考察事物的特性，并加以归类。

比如，用图书管理系统来比喻电子计算机的资料存储管理，图书卡片系统就像目录管理系统，图书存放处就像硬盘，图书阅览室就像内存，图书的分类管理和计算机文件的分类管理也非常类似，计算机病毒和偷书者多少有点相似。通过这种比喻，让孩子加深对计算机系统的认识。

比如，让孩子列举所有球形的东西。又比如，让孩子假设自驾车旅游，来到新疆荒漠中，车忽然抛锚了，问孩子如何离开荒漠。再比如，让孩子用最有说服力的语言，推销自己的东西；等等。

● 符号类推。诗词和散文的表达就是利用一些词句来引申或解析更高层次的意境或观念。音乐和艺术的创作都存在符号和标志的象征性。生活中经常有符号类推现象，比如戴眼镜的人多是有学问的，不同的人群有不同的穿着。当孩子意识到这一点时，就会在不同的场合有不同的装扮，从而营造对他人产生特定印象的氛围。我们可以要求孩子尽可能写出与动物有关的形容词，如快得像羚羊、狡猾得像狐狸、忠实得像条狗。还可以让孩子阅读各种企业家的传记，要求孩子们列出他们相同的特性。

5.6　常规思维第五步：确定方案

方案的确定需要在执行过程中不断调整

常规思维的最后过程就是对我们已经确定的解决问题方法进行实施和验

证。首先要列出鉴定的标准，以判断构想的合理性，标准和验证手段需要具有可度量性、可重复性和精练性。当我们需要对结果负责的时候，就会有压力。我们经常犯的错误就是我们对结果缺乏明确的判断依据，特别是对于比较复杂的工作，以至于我们不能真正确认问题是否解决。比如，当孩子出现问题时，我们会考虑让孩子参加国学班学习，可事先没有思考过，究竟应该用什么标准来衡量最后的学习效果，这其实是对孩子不负责。我们应该考察那些在国学班学习的孩子和那些没有在国学班学习的孩子，究竟有什么样的差别。这不仅要考察所导致的进步，更要考察所导致的退步，进行综合评价后，再决定是否把孩子送进去。孩子的成长和我们做事有很大的不同，我们做事做错了，可以重来，就是耽误了时间。而孩子的成长是分阶段的，错过了就是不可逆的。

项目管理

项目管理是在重大工程中所运用的管理方法的总称。所谓项目就是实现某一特定要求或约束的目标和任务，其特点是一次性和不确定性，比如某项技能学习。为了实现某一特定目标或任务的时限性工作，就要在质量和数量上对工作进行有效管理。项目管理的一些概念对我们和孩子都很有意义：

● 对资源进行有效分配。我们有很多任务，但必须考察资源是否匹配。比如，我们想让孩子学很多课程，但孩子必须有时间，如果孩子没有时间或者没有合理分配时间，就无法达成目标。在资源有限的情况下，孩子会自己提高判断能力，去合理分配资源，只是我们在对成绩有要求的时候，放弃了对孩子合理分配资源能力的培养。我们应该关心如何用生存压力影响孩子，而不是提高成绩要求。

● 对项目进行有效的策划。我们要达成一定的目标，就要考察现实可能性。比如我要想让儿子的跆拳道和二胡成绩有突出表现，那就要找好的老师。即使找到了好老师，还要思考如何才能实现训练计划，每天都要训练，这是最起码的。不然，对老师来说，就是巧妇难为无米之炊。当我总是这样对目标负责的时候，儿子也养成了习惯，没有效果的事情，坚决不做。能够达成目标的事情，谁也拦不住。

● 做事顺序的安排。我们有很多事情要做，但时间有限，什么事情先做，什么事情后做对孩子会产生关键性的影响。在孩子成长过程中，应该按照先情商、后智商、再技能开发的步骤，这最符合孩子的成长规律。如果我们先开发孩子的技能，就会遏制孩子的智力开发，使情商开发处于停滞状态。当儿子学习和身体状况都落后的时候，我重点放在体育上，暂时搁置智力开发。事实证明这样是对的。孩子缺点的纠正也应该分步骤，而不要指望一下子克服很多缺点。当我们总是用这种思维处理事情的时候，孩子也会有了处理问题的大局观。

● 建立项目节点的概念。做一件事情是不是能达到目的，不是过了很久之后再下结论，而是在完成到一定阶段之后就要考察结果。当结果没有达到预期，就要思考：方法是否得当？目标是否合适？资源是否充足？有一项有问题就必须马上调整，否则再做下去就是在浪费时间。当我们要求孩子对结果负责的时候，孩子对过程就会有压力，如果孩子不对结果负责，我们再控制过程。如果孩子不希望我们控制过程，就会拿出切实可行的办法来，这样就培养了孩子不断总结的意识。

● 对结果负责。我们做任何事情都要对可能的结果有清晰的描述，才能知道我们的努力是否值得。儿子学习二胡，需要考级；学习跆拳道，需要在比赛中拿名次。如果没有这样的目标，不仅孩子不知道该如何努力，我们也不会对孩子施加压力。这意味着，我们绝不做没有结果的事情，如果没有结果宁愿放弃。有了这种意识，我们就会不断地调整方法和目标。

结束语

"意想不到"的启示

电视台的知识竞赛经常会邀请一些名人参加。据了解，为了避免出现答不上来的尴尬局面，主办方会把题目和答案提前告诉这些名人。可问题是，如果从这些名人擅长的领域出题目，参赛的那些优秀的答题者，恐怕个个是零分了。真正要改变的不是如何避免让名人们尴尬，而是重新给出优秀的标准！

传统的智力测验往往是在测量能够记住多少事情，而不是考证可以处理多少现实当中的难题，这就让智力开发走向错误的道路。"虎妈""狼爸"所培养的能力更多的是那些可以测量的能力。然而，我们的孩子会在各种竞赛中有优异成绩，却可能在现实生活当中碌碌无为，至少没有开发出孩子应有的潜能，这实在是非常遗憾的。当我改变了衡量儿子的标准时，就有令我惊喜的结果。

2011年9月，是儿子出国留学的第三个年头，他提出要搬出寄宿家庭。作为家长，都会希望自己的孩子有一个能够管三餐，并督促他学习的寄宿家庭。当时他的寄宿家庭离学校只有三分钟路程，主人对他学习也非常负责，虽然一个月950元加币比市场平均价格850元加币略贵一点，但毕竟节省了路费和时间。

如果断然拒绝，未必能达到目的。事实上，他已经被寄宿家庭投诉，经常夜不归宿。于是，我跟他展开了"谈判"。我先问他，离开的主要原因是什么，他说费用太高，上网速度慢。他声称，每个月650元加币足够了。加上给他的200元加币零花钱，我一个月在他身上花的生活费是1150元加币。我给他加大一点压力，每月只给550元加币，他竟然同意了。我又进一步提出，每个学期还要减少50元加币，他又同意了。在这种情况下，我再也没有理由不同意了。在我看来，这是双赢的选择，对他来说，达到了搬出去的目的；对我来说，他有了在压力下生活的新环境，会对他的生活和学习有正向作用。

三个月后，儿子的监护人跟我说："550元加币在加拿大生活不了的，你应该起码知道他住在哪。"我心想，既然他选择了，一定会比过去好。可出于好奇，还是问了他，结果大大出乎我的预料。原来，儿子认识了一位刚来加拿大的同学，虽然他的父母给他买了房子和车，但他人生地不熟，希望有人陪，儿子能免费住宿，还每天开车上学，生活水平反而上升了！

之后他又出了新的状况。当学校发现他从寄宿家庭搬出去后，就通知他，加拿大政府规定，18岁以下的学生不能在没有监护人的情况下单独居住，他必须在两周之内解决，否则不能再上学。当他找到我时，我没急于出任何主意，告诉他："这是你自己惹的事情，要自己想办法解决。"可没过两天他就解决了，原来他找到了他同学的妈妈，给他出了证明。

儿子在加拿大上大学的第一个学期，由于记错了期中考试时间，结果错过了一门功课的考试。当时大学没有补考机会，期中考试占总成绩的40%，这就意味着他要补修这门课，这样就会有差不多两万人民币的额外学费。当然我不会为他的失误买单，但孩子自己跟任课教授协商好了，把他的期末考试成绩当成期中考试成绩。如果没有平时经常处理类似的异常情况的经验，他就不会那么从容面对这样的难题。

儿子在上大学期间，担任学生会筹款部主任，这恐怕是学生会里最没人愿意干的工作，但却是最能锻炼人的。他的这些能力是在我彻底放弃了应试教育之后取得的，而孩子的学习也并没有我想象中的完全失控、直泻千里。这一切得益于我给了儿子充分的权利，让孩子焕发出了巨大的活力。

现在，父母和孩子之间存在的问题很明显：当人民越来越自由，有更多独立思考的空间时，孩子却越来越不自由，行为受到极大限制；当人民越来越需要自己照顾自己的时候，孩子却越来越多地被父母照顾。

我们都知道现在的教育存在问题，但真要我们去做，常常又迈不开步子，最大的阻力来自如何应对应试教育。其实，实现心理突破并不难，有两点足以让我们对新型的智力开发充满信心：

第一，新型的智力开发是激发孩子做主动思考的。人的智力不是一成不变的，除了先天因素外，更取决于后天因素，后天的培养会不断地激发孩子的潜能。有研究表明，在锻炼大脑的效率上，主动思考是被动思考的5倍。只要我们用更为高效的手段训练孩子的大脑，即使孩子暂时成绩落后，但孩子赶上来，并远远超过同龄人，是早晚的事。儿子从小学低年级长期在下游徘徊，到最终被世界名牌大学录取，并在实习期间拿到销售冠军，看似意外，实在情理之中。

新型智力开发过程是加速运动，而常规的知识学习是匀速运动。常规的知识学习纵使起点再高，也没有后劲。

第二，新型的智力开发学习的是更有价值的内容。应试教育最大的弊端是和社会需求脱节，牺牲一些学校成绩的要求，腾出时间来学习更为有价值的东西，同样可以让学习效率再提高五倍！在人们已经把考研究生作为大学毕业后最普遍的选择之一时，我不希望儿子再去上研究生，因为他的实际工作能力已经超过了研究生毕业的平均水平，如果他更早地参加工作，他在能力上和同龄人的差距还会更大。

孩子一开始学习成绩长期不突出时，有可能给我们带来不安。为此，可以用一种更加简单的办法来考核孩子智力开发的效率是不是达到了最佳。孩子的智力开发达到最佳有两个最重要的标志：

第一，孩子遇到事情都喜欢独立思考，自己拿主意。也就是说，他从来就不会受到别人，尤其是权威人士的思想干扰，不会迫于某种压力去接受别人的思想，甚至感觉到被迫接受别人的思想是非常痛苦的事情。孩子也不会因为自己拿主意导致不良后果后对今后自己拿主意而感到恐惧。

第二，孩子遇到事情喜欢总结。当遇到了困难的时候，他从来不会去找别人的原因，而总是在找自己的原因，孩子有问不完的问题，甚至把自己在思想上的不断提高当成一种乐趣。

我在开发自己孩子智力时，有着成功的经验，让儿子在长期学业落后中，最终实现赶超；在自己当老师的时候，也有非常突出的成绩。但在帮助更多学业落后的孩子提高成绩时，却并不成功，因为那些学生的家长们，他们要的是马上看到成绩的提高。这让我想起了一个经典故事：

一个樵夫用一把很钝的刀在砍柴，每天要工作很久才能完成一天的任务，十分辛苦。有个智者跟他说："你干吗不把刀先磨一下？"这位樵夫说："你说得很对，可我今天的工作还没完成，我完成了今天的工作，一定去磨刀！"于是，刀越来越钝，砍柴的时间越来越长，越来越没有机会磨刀！

磨刀不误砍柴工——智力开发如同磨刀，提高成绩如同砍柴。我们可能会讥笑这个樵夫，自己却在犯同样的错误！放弃认死理，去尝试新型的智力开发理念，教育将是一片蓝海！

后记

我家孩子的那些事儿

王　俊（两个孩子的家长、顾骁合伙人）

都说孩子是上天给妈妈最好的礼物，回味这几年与两个孩子的点点滴滴，也有许多让我困惑甚至苦恼的事情。然而，孩子的成长实实在在地给了自己重新成长的机会！

故事一：打比赛没带身份证

女儿曾经和很多孩子一样大大咧咧，经常是今天没有带课本，明天又没有带红领巾，后天丢笔，大后天丢校卡，过两天作业本也找不到了……孩子自己也会因为这些受到学校的处罚。

也许是粗心的代价太小，也许是我在每一次孩子出现失误时的补救，孩子总也改不了这个毛病。何不让孩子真正为自己粗心负责一次呢？

二年级去珠海打乒乓球比赛，我开始尝试着让她自己准备一切要带的东西。结果，到了比赛场地才发现，最重要的身份证没有带。这对于参赛者来说，就可能意味着还没开始就结束了。她爸爸马上责备我，为啥不帮她准备。纠结之中，我问顾老师该咋办。顾老师告诉我，犯错误就是最好的学习。于是，我决心即使未来再有可能出现这样的事情，还是要放手。

经历了类似这样的几次大事后，女儿渐渐地开始学会为自己的所有事情负责。她学会收拾东西；用手表定时来提醒自己起床；自己订正作业；自己安排训练计划。有一次，她去训练，本来应该下了课我去接她的，可我给忘了。等我想起来，再打电话给她，她已经到家了。我满腹狐疑，开始了这样一段对话：

你怎么回来的？

坐公交。

你咋知道怎么坐？

问呗！

钱呢？

找陌生人要的。

干吗不打电话给我？

等了二十分钟不来，一定是忘了，再打电话等你来，我还要等，我可不想再等了。

故事二：比赛输了之后

小学四年级的时候，女儿因为乒乓球特长而转学到拥有全市里最好球队的学校去上学。这个球队竞争很激烈，很多都是备选入专业队的苗子选手。女儿出于对赢的急切渴望，自作主张要改变打法换球拍，把自己从前快攻型的横拍反胶换成长胶。

长胶打法的特点是球非常旋转，在同龄人中赢面大。可临近比赛换拍，就是舍弃自己熟悉的打法，而去选择并不熟悉的打法，这是在冒险。我选择了闭嘴。

果不其然，在一个半月后的比赛中，女儿不但没有赢，反而输得特别特别惨。那天我没有去比赛现场，很多熟悉的队友妈妈给我打电话，说女儿在现场哭得稀里哗啦。之后那段时间是我见过她情绪最为低迷的一个阶段，甚至有几天没有参加训练。

这时候，我想起了女儿一年级第一次参加超极少年夏令营后顾老师发现的问题："你女儿太怕输了。"我当时问他咋办，他告诉我："要让孩子多经历输赢。"千千万万遍的教导，不如放手让她撞一次痛来得真切，我再次选择了闭嘴，当什么也没发生。

她很快就调整好自己，决定改回原来的反胶。她训练更加用心和踏实了，成绩也迅速恢复，取得了比过去更好的成绩。不仅如此，但凡有对抗比赛的事情，无论输赢，她都会非常积极地参与，还经常跟我分享各种比赛中的奇闻趣事。

故事三：悠悠球培训班

女儿参加过两次"超极少年"的夏令营，在夏令营里体验过如何靠自己赚钱，开始有了钱的意识。在家里，我也按照顾老师的推荐，搞了家庭奖罚制度，不再随便给孩子零花钱，她慢慢开始通过参与力所能及的家务来挣零花钱。

有段时间她喜欢上了玩悠悠球，很快能玩很多花样。本来女孩子玩悠悠球的就不多，能玩得比男生更好，让她颇为得意，经常在课余活动中小露几手，并很快引起了同学们羡慕，争着要跟她学。女儿回来对我说："妈，我今天收了两个徒弟学悠悠球。他们说给我学费呢！你说我要不要搞个培训班。"

那一刻，我压住想给她做指导的心，而是问她："好啊，那你自己想怎么开、怎么教、怎么定学费呢？"过了两天，她告诉我，要分级别开班，不同收费：初级班，包教会入门的简单动作；高级班，教授玩花样。哈，比我还能想！

班开了，问题接踵而至：要准备教具，还要投入买练习用球。已经收到的学费还不够购买球具，需要自己垫付30元。我问她准备买什么样的球和其他配件，需要多少钱，大概计划招多少人才能盈利。这些问题让她重新思考。她进行了一次调查，找班里同学商讨。很快多招了2个初级班的学员，先把学费收了。有了经费可以买教具了，培训班开班了。

可一开课，新的问题又来了，什么时间教呢？白天上课，下午放学还要参加乒乓球队的训练，她只能利用中午时间。问题远不止这些，她跟我说，每个学员都不一样，他们都会有自己的问题，有的人接受得快，有的人接受得慢。

她自己也面临压力，她必须不断提高自己的水平才有教别人的能力。那段时间，晚上放学回来，她要花不少时间练习新的花式。

到了新学期开学的时候，学校严禁带悠悠球回校了。悠悠球培训班也就这样结束了。从开班到结束，收学员6个。抛去成本教具总共盈利了75元。虽然不开班了，但那些曾经的学员们都和她成了很好的朋友。

故事四：一瓶来自实验室里的香水

一天放学回家，女儿神秘地拿出一个小小的瓶子，里面装着透明的液体，让我闻一下，有一股淡淡茉莉花的味道。她说这个是今天和几个同学在实验室做出来的香水。

原来前几天实验课做紫墨水的时候，紫墨水发出了很难闻的味道，女儿就想怎么才能让紫墨水不那么臭。她发现实验室外面的操场上有很多棵夜来香和茉莉花，就和同学跑出去偷偷摘了很多有香味的花，然后回实验室里把它们分别添加到紫墨水里面。

"后面发现真的就没有那种臭味道了。神奇吧！然后我还把多摘的茉莉花捣碎了做成香香的水，洒在实验室的那个道具下面。整个实验室都变香了。后来同学们说这是不是就是香水啊！好玩！我说那就是吧。老师让我们自己动手搞。我就摘好多种花，不知道是不是可以配在一起还是分开搞，这个要实验一下才行……可今天被教导主任发现摘花，让我写检讨。不过没关系，我写完再继续搞香水。今天我还知道了可以添加一些东西让香味更持久，学校门口小店里卖的那个薰衣草的香精就可以喔！”

女儿一口气说了一大串，小脸上透着狡黠和得意。

在后来的试验中，她又研发出了几个新的品类，有玫瑰、夜来香、玉兰花，还有杜鹃花……听说在同学中，杜鹃花的味道最受欢迎。

这不是跟科学家发明创造的过程一样吗？让孩子尽情地玩，不就是他们最快乐的学习方式？为啥非要学习课本呢？

故事五：两个孩子的战争

有两个孩子后，几乎所有的人都会说，姐姐会照顾弟弟。但孩子们的世界可不会顺着大人的一厢情愿。

两个人会争抢玩具，会争抢食物，会争抢遥控器，也会争抢爸爸妈妈的关爱，尽管他们相差了八岁。孔融让梨之事不常发生，鹬蚌相争场面倒常常都有。两个孩子经常告状告到我这里，可我心想，矛盾要自己解决，才会自我成长。于是，我按照顾老师教我的，总是把告状的那个教训一番。如此一来，孩子给我带来的是惊喜。

过年，我带女儿去买新衣服。想着弟弟还小，爱美之心尚不具备，也就没打算买。谁知买单的时候，女儿说：妈，这个颜色的棉袄有蓝色的，给弟弟买一件吧。”

我说，你弟弟还小，不用了。

女儿不依：“那怎么好呢。过年，弟弟也要有新衣服才好的。”

很多次，我带弟弟去球队看姐姐。这个时候，姐姐和弟弟是无比亲密一致对外的联盟。有一天出门，下起雨了，弟弟非要带多一把伞，说姐姐没有带伞，要给姐姐送。

故事六：爱上抽水马桶的儿子

儿子第一次看到抽水马桶里的水旋转时，惊叫：“快看，水在转，水在转！”之后，一看到我上厕所，就要跟我说：“我也要进去，我要进去看看！"如果没打招呼就上了厕所，他就在洗手间门口等着，不停地敲门，问："好了没，好了没。"就这样乐此不疲地和马桶玩了好一段时间。

孩子其实根本不用教育，他们自己本来就好学。

故事七：爱搞怪的孩子

女儿三年级，上科学课。

老师提问："我今天讲科学家们的故事，16世纪和17世纪的科学家有什么共同的特点？"

女儿举手："他们共同的特点就是——他们都死了。"

第二个问题，老师问："今天我们讲了西瓜的生长过程，什么时候采摘西瓜是最好的呢？"

女儿悄声说："主人不在的时候摘啊。"

这节课，全班狂笑。

儿子3岁上幼儿园。有天上课，老师问，每个小朋友都想一想，你的理想是什么？小朋友问：什么是理想？老师说："就是你长大了最想干什么？想成为什么样的人？"

然后，孩子们纷纷说出了自己的理想：飞行员、医生、警察、司机……

儿子壮言：长大要当捣蛋鬼！

有次要上辨识动物的课，幼儿园老师让孩子们回家问家长的生肖属相和年龄。第二天上课，每个孩子都纷纷举手：我妈妈属牛，29岁；我妈妈属鼠，32岁；我爸爸属狗……

轮到儿子的时候，他说："动物园里孔雀最漂亮，我妈妈就属孔雀。"

老师笑着问他：那你妈妈多大年龄呢？

他回答说："我妈妈会越活越小，因为这样很快就会和我一样大，然后就可以天天陪我玩了！"

老师后来笑着告诉我这些，我想起孩子之前只问了我："妈妈，属相一定是动物吗？"

关于孩子们的故事，太多太多，感谢孩子们给了我这么多美好的成长记忆。

在集体亲子活动时，经常有亲戚朋友羡慕我有这一双儿女，说他们快乐、聪明、能干、充满活力，并向我取经：怎么能够让孩子不写作业，也能考全班前几名；怎么能够喜欢并自觉参加兴趣班的学习，还能拿广东省的第一名；怎么能让孩子样样都能干。我说："就是放手，孩子本来天生就爱学习。是我放手了，孩子才会这样的！"

都说孩子是上天给妈妈最好的礼物，回味这几年与两个孩子的点点滴滴，也有许多让我困惑甚至苦恼的事情。然而，孩子的成长实实在在地给了自己重新成长的机会！